야스쿠니신사(靖國神社)

YASUKUNIJINJA(야스쿠니신사)
by Shinobu Oe

Originally published in Japanese
by Iwanami Shoten, Publishers, Tokyo, in 1984.

한림신서 일본학총서 56

야스쿠니신사(靖國神社)

오에 시노부(大江志乃夫) 지음

양현혜 · 이규태 옮김

小花

한림신서 일본학총서 56
야스쿠니신사(靖國神社)

초판 3쇄 발행 ▪ 2020년 5월 11일

지 은 이 ▪ 오에 시노부
옮 긴 이 ▪ 양현혜 · 이규태

펴 낸 이 ▪ 한림대학교 일본학연구소
펴 낸 곳 ▪ 도서출판 소화
등 록 ▪ 제13-412호
주 소 ▪ 서울시 영등포구 버드나루로 69
전 화 ▪ 02-2677-5890(대표)
팩 스 ▪ 02-2636-6393
홈페이지 ▪ www.sowha.com

ISBN 978-89-8410-166-1
ISBN 978-89-8410-105-0 (세트)

잘못된 책은 언제나 바꾸어 드립니다.

값 9,000원

한국어판 서문

일본의 동북지방 이와테(岩手)현의 의회가 '천황 · 수상의 야스쿠니신사 공식참배 추진결의'(1979년 12월)를 하고 그것을 정부에 진정하는 비용을 지출한 것과 이와테현이 야스쿠니신사 레다이사이(例大祭)에 현비(縣費)로 다마구지료(玉串料) · 헌등료(獻燈料)를 지출한 데 대해 기독교 목사 등 주민들이 일본국 헌법상 정교분리 규정을 위반하는 지출이라 하여 위헌소송을 일으킨 사건(이와테 야스쿠니신사 위헌소송)이 있었다. 필자는 1983년 9월 1일 이와테현 모리오카(盛岡) 재판소에서 증언했는데, 이 책 제1장에서 제3장까지는 그때의 내용과 미리 제출해 둔 의견서 내용을 합하여 일반 독자용으로 원고로 정리한 것이다.

이 책의 제4장은 야스쿠니신사의 마을 분사(分社)라 할 수 있는 성격을 가진 충혼비에 관해 오사카(大阪)부 미노(面箕)시가 그 이전과 재건비용을 지출한 것과 제례(祭禮)에 시장 이하 공무원이 참석한 것을 정교분리의 규정에 위반되는 지출이라고, 시민들이 위헌소송을 일으킨 사건(미노시 충혼비 위헌소송)에서, 1981년 9월 오사카 지방재판소에 필자가 제출한 의견서의 내용을 알기 쉽게 요약한 것이다.

미노 충헌비 위헌소송에서 오사카 지방재판소는 1982년 3월 충혼비 이축(移築)비용에 대해서 전면적으로 원고의 주장을 인정해 위헌 판결을 내렸고, 그 판결 이유 속에 필자가 제출한 의견서의 내용도 상당 부분 수용되었다. 그러나 제2심의 오사카 고등재판소는 필자가 제출한 의견서에 대해 이유를 말하지 않은 채 채용하지 않는다는 결론을 내리고, 1987년 7월 1심 판결과는 달리 반대로 합헌 판결을 내렸다. 상고심 최고재판소에서는 1997년 8월 현재, 충혼비의 유지단체인 유족회에 지출한 공공비용이 위헌인가 합헌인가라는 문제에 대해서만 결론을 내리지 않았으나, 그 외의 문제에 대해서는 합헌이라는 판결을 내렸다.

모리오카 지방재판소는 1987년 3월 소송의 내용이 된 공공비용 지출을 합헌으로 하는 판결을 내렸다. 그러나 제2심에서 센다이(仙台) 고등재판소는 1991년 1월 위헌이라는 판결을 내렸다. 이 판결 안에서 '공식참배'가 위헌이라는 증거로서 이 책의 내용이 인용되었는데, 이것이 유력한 근거가 되었다. 단지 실제적으로는 1989년 1월 쇼와(昭和) 천황의 사망에 따른 은사(恩赦)로 공무원이 지출한 위헌·위법의 공공비용을 배상하는 책임이 면제되었기 때문에 패소한 이와테현측의 관계 공무원은 비용 변제를 면제받았다. 패소한 측은 최고재판소에 상고했으나 비용 변제 책임을 면제받았기 때문에 얻을 이익이 없다고 하여 기각됨으로써 위헌 판결이 확정되었다.

그러나 헌법이 규정한 바에 의하면, 최고재판소의 판결만이 헌법 해석을 결정하는 것이므로 센다이 고등재판소의 판결만으로는 헌법 해석에 구속력을 발휘할 수 없었다.

시코쿠(四國) 지방 에히메(愛媛)현의 불교 승려 및 일반 시민이 에히메현 지사가 공공비용으로 야스쿠니신사에 다마구지료(玉串料)를 지출한 것을 위헌이라 하여 소송을 일으켰는데(에히메 다마구지료 소송), 에히메현의 마쓰야마(松山) 지방재판소는 1989년 3월 현의 공공비용 지출은 위헌이라는 판결을 내렸다. 필자는 제2심 다카마쓰(高松) 고등재판소에서 1991년 2월 13일 증인으로서 증언했다. 미리 제출한 의견서 및 당일의 증언 내용은 이 책의 속편이라고 할 수 있는 『야스쿠니 위헌소송』(1991년 8월, 이와나미 출판사)으로 간행되었다. 안타깝게도 필자의 증언은 다카마쓰 고등재판소에 채용되지 못하고 1992년 5월 합헌이라는 판결이 나와 1심을 역전시키는 결과가 되었다.

그러나 1997년 4월 2일 최고재판소 대법정은 재판관 15명 중 13명이라는 다수가 야스쿠니신사에 공공비용으로 다마구지료 등을 지출한 것은 위헌이라는 판결을 내렸다. 이 위헌 판결안에 다마구지료 봉헌이야말로 신사(神社) 제사의 근간을 형성하는 종교 의례라는 필자의 주장, 다른 여러 나라에서의 전몰자 추모 방식은 특정 종교에 의하지 않는 다양한 방식이 실행되고 있다는 실례의 예시 등, 다카마쓰 고등재판소에서 행한 증언 내용이 채용되어 있다.

이렇게 해서 현재 일본에서 부분적으로 아직도 남아 힘을 얻고 있는 움직임, 즉 천황을 위해 전몰한 '영령(英靈 : 처형된 A급 전쟁 범죄인도 포함하여)'을 국가가 나서서 일방적으로 숭앙하고 일본

침략전쟁의 희생이 된 아시아 여러 민족의 괴로움과 아픔을 무시하는 동향을 헌법으로 제재하는 데 성공했다. 이렇게 과거의 군국주의를 찬미하는 데 저항하는 많은 국민들의 운동에 필자의 저서가 조금이나마 도움이 된 것을 기쁘게 생각하고 있다.

이상으로 야스쿠니신사 찬미 운동에 저항하여 이 책이 행한 역할과 우리들의 운동이 얻어낸 성과에 대하여 보고함으로써 서문을 대신한다.

1997년 8월 15일

오에 시노부(大江志乃夫)

차 례

제1장 지금 왜 야스쿠니신사가 문제인가

1. 야스쿠니신사의 제신(祭神)들

어느 유족의 탄식

먼저 어느 농촌의 할머니 이야기를 소개해 보자. 그녀는 미군의 함포사격으로 아버지를 잃었다. 사투리가 실감나도록 가능한 한 녹음한 대로 충실하게 소개하겠다. 그녀는 1907년생으로 74세 때 인터뷰했다.

"우리 아버지는 함포사격으로 죽었습니다. 그런데 가끔 노인회에 모여 뭔가를 할 때 나오는 이야기입니다.

그때는 비참했지요. 전쟁터에 간 사람들은 혈육도 못 만나고 죽었으니 오죽 고통스러웠을까 하는 이야기를 저는 가끔 하지요. 지금 이 나이가 되었어도 역시 부모가 보고 싶은 법인데, 물론 군인들도 전쟁터에 가서 비참한 생활을 보냈지만, 그때 아버지가 죽는 모습을 보고 정말로 고통스러웠습니다. 지금은 함포사격으로 죽은 사람과 전사자를 함께 유족으로 공양해 주지만, 얼마 전까지만 해도 그렇지 않았어요. 언젠가 고묘지(光明寺)에서 법요(法要)를 해 준 적이 있었어요. 함포사격으로 죽은 사람은 제외하고 전사자의 유족들만. 나는 그때 참 고통스러웠어요. 그런데 유족회 간부가 뭐라고 말하는고 하니 전사자라면 좋았을 텐데, 우리는 회비를 내니까 부르지만, 전재자(戰災者)는 회비를 내지 않으면 부르지 않는다는 거예요. 우리들은 아무것도 내지 못했기 때문에, 과연 그럴만하다 생각했죠. 어쨌든 그때는 있는 사람이나 없는 사람이나 향을 살 돈도 없는 상황이었어요. 제가 가끔 아들들한테 푸념을 늘어놓을 때가 있어요. 그러면 아들들이 이렇게 말합니다. "어머니, 할 수 없어요. 전사자 유족들의 뒤에는 높은 사람들이 있어서 모두를 다 배려해 주어 일년에 백만 엔 이상 받지만, 전재자의 유족들에게는 그렇게 신경을 써 줄 사람도 없고 그래서 돈을 받지 못해 향값도 내지 못하니 할 수 없는 거예요"라고. 그렇지만, 그래도 똑같은 일로 죽었다고 생각하면 나는 그냥 웃어넘길 수가 없어요. 눈물이 나요."

함포사격의 희생자들

이바라키(茨城)현 가쓰다(勝田 : 당시는 勝田町, 인구 약 2만 명)시는 전쟁중 레이더와 연동하는 고사포 · 고사포용 산정구(算定具) · 고사포용 전기 조준기 등을 생산하고 있었던 히타치(日立) 제작소 미토(水戸) 공장과 일본에서 민간 최대의 기관총 공장인 히타치 병기 미토 공장의 소재지였다. 공장은 평평한 대지 위에 있었고 대지는 그대로 태평양과 면하고 있었다.

1945년 7월 17일 야밤에 미해군의 전함 5척을 중심으로 하는 제 34 · 8 · 2 임무 부대는 이 두 개의 공장을 목표로 해서 16인치(40 cm) 포탄 368발을 쏘았다. 폭격으로 환산하면 B29 약 50대분에 상당한다. 그 해 3월 10일의 도쿄 대공습은 B29 296대가 동원되었다.

날씨가 나빠 사격 관측을 하는 관측기가 비행을 할 수 없었기 때문에 목표를 빗나간 폭탄도 많았는데, 그 대부분은 공장에 가까운 농가에 떨어졌다. 수많은 사상자가 나왔다. 이 할머니의 부친도 포탄 파편을 머리에 맞고 즉사했던 것이다. 본토 결전 부대로서 주둔중인 육군 부대에서도 사상자가 나왔다. 할머니의 남편은 낮에는 농업, 밤에는 경찰이 부족했기 때문에 경찰보조원으로 매일 밤 동원되어 그날 밤도 부재중이었다.

같은 미군의 포탄으로 죽었는데도 군복을 입고 있었던 사람은 명예로운 전사(戰死)로 취급되어 그 유족에게는 정부로부터 연금이 지급된다. 또 전사자의 유족은 유족회를 결성하여 위령제를 올리고 있다. 할머니의 불만은 식료증산의 '전사(戰士)'로 추켜세워져 열심히 일해 왔던 농민의 유족은 위령제에 참석하는 것조차 유족회로부터 거부당했다는 점에 있었다. 유족회 회비를 내지 않았기 때문에 참가시키지 않았다고 하면 그뿐이지만, 유족회 회원은 정부로부터 회비 이상의 연금을 지급받고 있었고, 자신들은 향값도 받지 못하고 있었는데, 한 술 더 떠서 위령제 참가조차도 거부당했다. 할머니는 이 점이 참으로 분했던 모양이다(현재는 시가 종군 전몰자와 전재 사망자를 합해서 추도하는 평화기념비를 세워서 종교색을 배제한 추도식을 행하고 있다).

이 함포사격 희생자 유족들의 탄식에서도 나타난 것과 같이, 같은 포탄의 희생자이면서도 왜 죽은 자의 신분에 의해 차별되지 않으면 안 되는가. 군복을 입고 죽은 자는 명예로운 전사자로서 야스쿠니신사에 합사(合祀)되고 그 유족은 정부로부터 연금을 지급받는데, 국가를 위해 매일 괭이를 들고 일하던 농민은 죽어서도 아무것도 받을 수 없다. 전쟁은 전쟁에 의한 희생자에 대해서조차도 차별을 만들어 낸 것이다.

다카치호마루(高千穗丸) 사건

1943년 3월 모지(門司)항을 출항한 대만정기항로의 다카치호마루(高千穗丸)가 항해 도중 미군 잠수함의 어뢰를 받아 침몰하여 많은 조난 사망자가 생겼다. 때마침 학년말 휴가로 대만의 부모에게 돌아가던 육군유년학교 학생들이 몇 명인가 이 배에 타고 있었다. 필자와 극히 친한 친구였던 마쓰오(松尾修)도 그중 한 사람이었다. 마쓰오는 다른 유년학교 학생들과 함께 배 안에 끝까지 남아 많은 승객을 보트로 옮겨 태운 후, 자신은 구명도구에 몸을 의지해 바다를 떠돌며 군가를 부르다가 힘이 다해 파도 속으로 잠겨 버렸다고 전해 들었다.

필자에게는 그가 죽기 이틀 전에 찍은 사진이 있다. 내일부터 휴가라고 해서 집에 돌아가기 전에 몇 명의 친구들과 함께 찍은 것이었다. 휴가 첫째 날인 다음날, 그는 승선하기까지 아직 하루가 더

남았다고 우리 집에서 하루 머물고 배를 탔다. 그것이 최후였다. 전후 마쓰오를 포함하여 다카치호마루 조난사 유년학교 학생들은 야스쿠니신사에 합사되었다. 필자는 내 친구가 야스쿠니신사에 합사된 것을 여기에서 문제삼으려는 것이 아니다.

군복을 입고 있었다고 하지만 휴가로 귀향하던 도중에, 말하자면 군무(軍務)에서 벗어나 있던 때의 죽음이었는데, 겨우 14, 15세의 소년이 군복에 긍지를 가지고 민간인 구조에 앞장서다 죽은 그 태도에 깊은 감격을 느꼈다. 순수한 소년이었기 때문에 배운 그대로 군인 정신을 발휘해 그와 같은 숭고한 행동을 취할 수 있었을 것이다.

필자가 여기에서 문제삼고 싶은 것은 군복을 입고 있지 않았던 민간인 조난 사망자들에 대한 것이다. 정기항로의 민간 선박의 일반 승객 조난사는 그것이 비록 미군 잠수함의 어뢰에 의한 것이라 하더라도 야스쿠니신사 합사 대상은 되지 못한다. 승객만이 아니라 아마 임무로 순직한 선원들도 군 징용선이 아니라 단순한 민간 정기항로의 업무에 종사하고 있던 것으로 봐서 야스쿠니신사 합사 대상으로 고려되지 않았을 것이다.

니코(尼港)사건

도대체 야스쿠니신사의 합사 기준은 무엇인가. 같은 상황에서 같은 죽음을 해도 합사되는 사람과 되지 않는 사람 사이에는 엄연한 차별이 존재한다. 더 극단적인 차별의 예가 있다.

1920년 당시 러시아혁명을 간섭하기 위해 일본은 시베리아에 대병력을 파견하고 있었다. 아무르강(흑룡강) 하구의 항구 마을 니코라예프스크(니코)에도 재류일본인 보호를 위한다는 명목으로 미토(水戶)의 보병 제2연대로부터 2개 중대의 중심인 이시가와(石川) 대대가 파견되어 있었다. 니코는 겨울철 아무르강과 마미야(間宮) 해협이 얼면 바다와 육지로부터의 교통이 두절되어 완전히 고립된다. 겨울철을 이용해서 혁명파 빨치산 활동이 활발해지면 니코는 포위되고 무전전신대도 점령되어 상급 사령부와의 통신도 불가능하게 되었다. 니코 수비대는 빨치산을 통해 사령부와 무선연락을 취해 정전협정을 맺었다. 그러나 빨치산측이 수비대의 무장해제를 요구하자 일본군 수비대는 일방적으로 정전협정을 파기하고 빨치산에 대해 기습공격을 감행하였다. 처음에는 기습공격에 의해 혼란에 빠진 빨치산도 시간이 지나자 전열을 정비하고 반격에 나서 전멸의 위기에 빠진 일본군을 항복시켰다. 기습 공격시 일본군 병력은 정규군인 수비대 이외에 재류민 자위단과 재향군인 413명이었다. 봄이 되자 일본군 구원 부대가 니코에 진격을 개시했다. 빨치산은 항복한 일본의 군인 · 외교관 · 재류민 생존자 122명 전원을 살해하고 니코에서 철수하였다(무장 해제된 포로의 살해 책임자인 빨치산 지휘관들은 후에 혁명파의 인민재판 결과 처형되었다).

이 사건은 러시아혁명에 대한 공포와 증오를 일본 국민들에게 퍼뜨리는 데 이용되었다. 사건 희생자 중 명예 전사자로서 야스쿠니신사에 합사된 것은 수비대 통신두절 이전의 전사자를 제외한 군인 368명, 군속 12명, 영사관원이었던 문관 2명, 합계 382명뿐이었다. 수비대와 함께 무기를 들고 싸웠던 재류민 자위단과 재향군인 413명, 전투중 밥을 짓고 부상자의 간호에 힘을 기울였던 재류부인들의 이름은 『야스쿠니신사 충혼지(忠魂誌)』의 제신(祭神) 명부에서 발견할 수 없다. 대일본제국의 외교관이었던 이시다(石田虎松) 영사의 이름은 제신 명부에 있지만 남편과 생사를 같이했던 이시다의 부인 이름(이시다 우라키)은 없다. 여기에서도 같은 상황에서 생사를 같이했던 일본 국민 사이에 합사 기준이라는 관점에서 보면 확실한 민관의 차별이 엄존하고 있음을 볼 수 있다.

야스쿠니신사 사무소는 현재 "야스쿠니신사의 개요"라는 제목의 팸플릿을 내고 있다. "이와 같이 야스쿠니신사에는 전장에서 전사한 군인, 군속뿐만 아니라 문관, 민간인, 여성도 포함한 다종다양의 제신을 받들고 있으며 일본 국민 누구나가 숭경하고 봉찬하기에 합당한 신사입니다"라고 이 팸플릿에는 적혀 있다. 그러나 이상의 사실에 비추어 보아 과연 그렇게 말할 수 있겠는가.

8월 15일의 대신(大臣)들

요즘 매년 제2차 세계대전이 일본의 패배로 끝난 날, 즉 '종전기념일'이 되면, 정해 놓고 신문을 떠들썩하게 하는 기사로서 총리대신 이하 각 대신의 야스쿠니신사 참배 문제가 있다. 개인자격으로서의 참배인가, 공인으로서의 참배인가, 참배 기록장에는 대신이라는 직함이 씌어 있는가, 타고 온 차는 공용차인가, 배전(拜殿) 계단 아래에서 참배했는가 올라가서 참배했는가 여부가, 대신 한 사람

한 사람에 대해서 상당히 자세한 것까지 보도된다. 기독교인 총리대신이었던 오히라(大平正芳) 수상에 대해서는 기독교인이 신사인 야스쿠니신사에 과연 참배할 것인가 어떤가 그 여부가 관심의 초점이 되었지만, 오히라 수상 역시 참배했다.

어느 신문은 대신으로서 8월 15일에 야스쿠니신사에 참배한 정치가들이 대신이 되기 전에 또는 대신을 그만둔 후, 한 사람의 국회의원이라는 개인적 입장에서 8월 15일에 야스쿠니신사에 참배하는지 어떤지 그 여부를 기사화했다. 조사한 결과, 거의 대부분의 정치가가 대신의 지위에 있을 때만 8 · 15 야스쿠니신사 참배를 한다는 것을 알게 되었다. 그렇다고는 하지만 최근에는 "영령(英靈)에 응답하는 회(1976년 결성)"라는 단체가 생겨나 이 단체에 가입하는 보수정치가도 늘어, 야스쿠니신사에 참배하는 정치가도 점차로 증가하는 모양이다.

8월 15일 야스쿠니신사에 참배한 최초의 총리대신은 1975년 미키(三木武夫) 수상이었다. 같은 해 정부가 주최한 전국전몰자추도식(동경 무도관〈武道館〉에서 열렸는데 표어가 이 해에 '전국전몰자추도지표〈全國戰歿者追悼之標〉'에서 '전국전몰자지령〈全國戰歿者之靈〉'으로 바뀌었다)에 공인의 자격으로 출석한 미키 수상은 추도식 종료 후 이번에는 개인 자격으로 야스쿠니신사에 참배했다. 이후 후쿠다(福田赳夫), 오히라(大平正芳), 스즈키(鈴木善幸), 나카소네(中曾根康弘) 등 역대 수상의 참배가 이어졌는데, 나카소네 수상의 참배는 공사(公私)의 자격을 애매하게 한 채로 이루어졌다. 나아가 나카소네 수상은 역대 수상으로서는 처음으로 1984년 1월 4

일 야스쿠니신사의 연두 참배를 행하였다. 각료들의 참배도 해마다 늘어 지금은 8월 15일에 야스쿠니신사에 참배할 것인가 여부는 대신의 지위에 계속 있기 위한 조건 중 하나 같은 느낌조차 들기에 이르렀다.

왜 이렇게 되었을까. 총리대신인 것과, 법령상으로 하나의 종교법인에 불과한 야스쿠니신사에 참배하는 것은 도대체 어떠한 관계가 있을까. 역대 총리대신과 역대 내각의 대신들 대부분이 어느 특정한 날에 어느 특정한 다른 신사나 사원 내지는 교회에 참배 또는 예배한다는 예는 달리 없다. 일본의 대신들에게 야스쿠니신사는 정치적으로 특별한 의미를 갖게 된 것이다.

종교법인 야스쿠니신사

현재의 야스쿠니신사는 1952년 1월 28일 시행된 '종교법인법'에 의해 동년 9월 도쿄도 도지사의 인가를 받은 단립 종교법인이다. 종교법인법 제12조에 근거해 관할청의 인증을 받은 종교법인 야스쿠니신사 규칙은 그 제3조 목적에서 다음과 같이 명기하고 있다.

> 제3조 : 본 법인은 메이지 천황이 말씀하신 '야스쿠니(安國)'의 성지(聖旨)에 의거하여 국사를 위해 순국한 사람들을 봉제(奉齊)하고 신도의 제사를 행하여 그 신덕을 널리 알리고 본 신사를 신봉하는 제신 그 외 숭경자를 교화 · 육성하고 사회의 복지에 기여하고 그 외 본 신사의 목적을 달성하기 위한 업무를 행하는 것을 목적으로 한다.

여기에서는 명백하게 '신도의 제사', '신덕을 널리 알리는 것', '교화 · 육성'이라는 순수한 종교활동을 행하는 것을 목적으로 하고 있다. 야스쿠니신사는 종교적 시설이라 하더라도 종교단체가 아니라는 주장도 일부에는 있는 모양이지만, 이 규칙을 보는 한 그 주장은 성립되지 않는다. 원래 이러한 주장은 패전 후 점령군에 의한 소위 '국가신도 폐지지령 = 정교분리지령(政教分離指令)'에 의해 본래는 종교법인에 걸맞지 않는 성격의 야스쿠니신사를 무리하게 종교법인화하기 위해 내걸었던 것으로 야스쿠니신사 본래의 목적과 다르다는 변명을 동반하는 것이 상례였다. 과연 그것이 사실인지 아닌지는 나중에 다시 검토하기로 하자.

어쨌든 종교법인법에 의거해 도지사의 인증을 받은 야스쿠니신사 규칙에 이렇게 명기되어 있는 이상, 현재의 야스쿠니신사는 법률상 분명히 종교단체임에 틀림없다. 이 야스쿠니신사에 천황이 공식참배—이것은 천황의 국사(國事) 행위를 의미한다—한다든지 국무대신이 공식참배를 하는 것은 아무리 잘 해석하려 해도 헌법 제20조가 금지한 '나라 또는 그 기관'의 '종교적 활동'에 해당한다는 것은 의문의 여지가 없다. 또한 야스쿠니신사에 대하여 어떤 형식으로든 국비 또는 공비용의 지출은 헌법 제89조에 의해 금지되어 있는 '종교상의 조직 또는 단체의 사용, 편익 또는 유지를 위한' 지출에 해당한다는 것도 역시 의문의 여지가 없다.

이 헌법상의 문제와 총리대신 이하 각 각료들에게 야스쿠니신사 공식참배를 요구하는 정치적 압력과의 모순이 야스쿠니신사 문제를 중대한 정치 문제로 부상시키고 있다.

소위 야스쿠니 문제

정부의 입장에서 야스쿠니신사가 중요한 존재라는 것은 이 신사가 근대 일본, 즉 메이지유신을 전후하여 패전까지의 전몰자—그렇다 하더라도 내란에서 반란군에 해당하는 사람들과 이미 예를 들었던 것처럼 전쟁 희생자는 포함되지 않는다—를 신으로 모신 신사이기 때문이다. 야스쿠니신사의 제신 수는 합계 246만여 명에 이른다고 한다.

이 야스쿠니신사가 단순한 하나의 민간 종교법인에 불과하다는 것은 말도 안 되는 소리다. 전몰자를 국가가 제사지내는 일은 어떤 나라에서도 있는 일인데, 일본만이 전몰자의 영에 대해 국가 위령과 표창을 하지 않는 것은 이상하지 않은가라는 주장이 나오고 있다. 정부 · 자유민주당은 이 주장에 눌려 미키 수상의 8 · 15 야스쿠니신사 참배 이전에 오랜 시간에 걸쳐 야스쿠니신사를 국가의 손으로 지킨다는 법안 성립에 노력해 왔다.

그러나 국회가 보수 · 진보 반반으로 이루어진 미키 내각 시대에는 야스쿠니신사 국가호지법안(國家護持法案)은 물론이고 그것을 완화시킨 '전몰자 위령표경법안(戰歿者 慰靈表敬法案)' 도 성립될 가능성이 없어졌다. 야스쿠니신사의 국가호지(國家護持) 추진단체인 '일본유족회' 와 '자민당 유가족의원협의회' 는 1975년 5월 6일 야스쿠니 국가호지를 최종 목적으로 하면서 당분간은 표경법안의 추진, 국가기관의 공식 야스쿠니 참배, 그것도 불가능할 때에는 종래의 야스쿠니 법안의 국회 제출을 요망했다. 즉 본래의 목적으로부터 한 걸음 물러서는 자세를 취하면서 이 요망이 실현되지 않을 경우 본래의 강경 노선으로 압력을 행사한다는 방침이었다.

다나카(田中角榮) 내각이 정치뇌물 문제로 퇴진하고 록히드 뇌물 문제가 불을 뿜기 시작하자 당내 약소 파벌 출신의 미키 수상에 대한 소위 '미키 끌어내리기' 공작이 시작되어 7월 7일의 참의원 선거에 자민당이 패배하고 야스쿠니 법안을 심의할 내각위원회에서 야당이 다수를 차지했다. 7월 27일 다나카 전 수상의 체포라는 긴박한 정세 속에서 미키 수상은 보신을 위해서도 개인자격으로 8 · 15 야스쿠니 참배라는 타협책을 내놓지 않을 수 없었다. 이렇게 해서 좋지 못한 선례를 남기게 되었고, 이 선례는 정신없이 교체되는 각 내각 때마다 점점 강화되어 마침내 나카소네 내각에 이르렀다. 개인적인 참배가 은근 슬쩍 공식참배로 변화하려고 한다.

야스쿠니신사의 국가호지 또는 국가 대표의 공식참배를 주장하는 중심 세력은 표면적으로는 일본유족회이다. 야스쿠니신사의 제신인 전몰자 246만여 명 유족의 뜻이라고 하면 정치적으로도 커다란 영향력을 발휘할 수 있게 된다. 그러나 야스쿠니신사 국가호지 요구는 야스쿠니신사로부터 종교적 성격을 제거하는 것을 반대하는 요구와 하나가 되어 있다. 어디까지나 '신도(神道)의 제사'를 행하는 신사로서의 성격을 간직한 채로 야스쿠니신사의 국가호지를 실현하고, 또는 국가 대표(천황을 포함하여)의 공식참배를 실현하려고 하는 것이다.

전국호국신사회(全國護國神社會)

현재의 헌법 아래에서는 도저히 양립할 수 없는 이러한 요구가 왜 등장하는 것일까. 그 근원을 따지고 들어가면 흥미있는 사실에 직면한다.

1954년 3월 27일 각지의 호국신사 궁사(宮司 : 신도의 제사를 맡은 신관으로 최고위직-역자주)들의 조직인 '우라야스회'(浦安會 : 1956년 5월에 전국호국신사회로 개칭)가 '야스쿠니신사, 호국신사의 공공성 확립에 관한 법적 조치 연구위원회'의 설치를 결의했다. 그 다음해 2월 7일 '우라야스회' 임시총회는 야스쿠니신사의 공공성 호지를 제기하여 전국의 신사 대부분이 가입하고 있는 신사본청(神社本廳) 및 일본유족회에 협력을 요청했다. 1956년 3월 9일 '우라야스회'는 야스쿠니신사 국가호지를 위한 특별입법에서 제사의 전통을 변경하지 않을 것을 일본유족회 등에 요청했다.

여기에서 야스쿠니신사가 갖고 있는 현재의 종교적 성격을 변경하지 않고 국가호지를 실현하라 요구하는 조직의 모습이 드러난다. 즉 야스쿠니신사를 신사신도라는 종교에 속한 신도의 제사를 행하는 신사로서의 성격을 유지한 채로 국가가 호지하라는 전국의 호국신사 신직(神職)들의 요구가 나온 것이었다. 따라서 이 주장은 전쟁전의 국가신도의 부활을 꾀한다고 비난받아도 할 말이 없는 것이다.

외국에도 전몰자를 추도하는 국가시설이 있다. 국빈으로 그 나라에 초청되었을 때는 대개 이런 종류의 시설을 방문하여 경의를 표하는 것이 통상적인 관례이다. 미국 무명전사의 묘는 그 대표적인 시설이다. 그러나 미국 무명전사의 묘는 문자 그대로 묘지이다. 특별한 종교시설이 아니다. '무명' 이라는 두 글자가 나타내는 것처럼 종교적 성격이 없다. 거기에는 신교와 구교의 알력에 고민하고 그 갈등이 국가와 종교와의 모순으로 전개되어 결국은 '가이사의 것은 가이사에게 그리스도의 것은 그리스도에게' 라는 형태로 세속의 권력과 인간의 내면 문제를 분리함으로써 국가통일의 길을 개척한 기독교 국가의 역사적 지혜가 작용하고 있다.

일본에서는 전몰자 위령 사업이 왜 하나의 종교법인에 불과한 야스쿠니신사의 제사로서 행해지게 되었을까. 일본에서도 제2차 세계대전의 패전까지의 역사 교훈이 작용하여 전후 정교분리를 헌법 원칙으로서 채용하기에 이르렀다.

그러나 동시에 패전국가의 무책임성으로 인하여 전쟁 희생자에 대한 정책은 많은 모순을 내포한 채 무원칙적으로 처리되어 왔다. 전몰자의 '위령' 문제만이 아니라 국외로부터 귀국한 경우를 포함하여 일반 전재 사상자에 대한 보상 및 그 외의 문제, 히로시마 · 나가사키의 원폭 피해자에 대한 원호 문제, 시베리아 억류자에 대한 보상 문제, 과거 식민지였던 조선 · 대만 출신자에 대한 이상의 모든 것에 관계된 문제, 지금도 미해결인 채로 있는 사할린 억류 조선인 문제 등. 다시 말해 전쟁 희생자에 대한 전후처리 문제는 거의 방치되어 왔다 해도 좋다.

이러한 많은 문제 가운데 특별히 야스쿠니신사 문제가 정치적으로, 나아가 헌법 문제가 되어 재판으로까지 발전하게 된 것은 무슨 이유 때문일까.

계속 늘어나는 제신(祭神)들

메이지 시대 이후 건립된 신사는 세계적으로는 물론이고 일본 국내에서도 매우 특수한 경우이다. 그중에서도 야스쿠니신사는 수많은 일본 신사 중에서도 유별나다.

메이지 시대 이후 천황 · 황족을 제외한 일반 국민을 국가가 직접 신으로 모신 유일한 신사가 야스쿠니신사였다. 메이지유신 이전에 활약했던 역사상의 인물을 국가가 직접 신으로 모신 것은 메이지 이후의 일이다. 따라서 이 같은 신사 창건은 대부분 메이지 이후에 이루어졌다. 멀리로는 후지와라(藤原鎌足)로부터 가깝게는 막말(幕末)에 활약했던 유력한(雄藩) 번주(藩主)나 구게(公卿 : 귀족)에 이르기까지. 그러나 그 대부분은 생존시 지위도 높고 역사적으로도 유명한 인물이다. 이에 비해 야스쿠니신사의 제신은 대부분이 메이지 시대에 살았던 사람으로 사회적으로도 이름이 알려져 있지 않은 인물을 신으로 모시고 있다.

메이지 시대 이후에 살았던 일본 국민이 국가에 의해 신으로 모셔지는 유일한 기회가 야스쿠니신사의 신이 되는 길이었다. 야스쿠니신사의 신이 되기 위한 단 하나의 조건은 천황 폐하를 위해 전사하는 것이었다. 그 인물이 살아 있을 때 어떤 인물이었는가 하는 것은 일절 문제가 되지 않았다. '명예로운 전사(戰死)', 그것만이 국가의 신이 되는 조건이었다. 원래 무엇을 기준으로 '명예로운 전사' 라고 판정하는가, 일단 기준은 정해져 있었지만, 개별적이고 구체적인 판단은 최종적으로는 천황의 의지라는 형태로 결정되었다.

이렇게 해서 야스쿠니신사에 합사되어 신이 된 국민의 숫자는 다음과 같다.

메이지유신 전후의 내란	7,751명
서남전쟁(西南戰爭) 등	6,971명
청일전쟁	13,619명
대만출병 등	1,130명
북청사변(北清事變, 의화단사변)	1,256명
러일전쟁 · 한국진압	88,429명
제1차 세계대전 · 시베리아출병 등	4,850명
제남사변(濟南事變, 山東出兵)	185명
만주사변 등	17,161명
중일전쟁	188,196명
태평양전쟁	2,123,651명
합계	2,453,199명

(최근 야스쿠니신사측의 자료에는 합계 246만여 명이라고 되어 있음)

이 숫자를 보면 알 수 있듯이 야스쿠니신사의 또 하나의 특수성은 다른 신사와는 달리 제신이 무제한으로 계속 늘어간다는 데에 있다. 더구나 이 방대한 제신 전부가 다 주신(主神)으로 모셔지고 있다는 점이다.

황족과 A급 전범

실제로 패전 때까지는 '명예로운 전사자' 라고 해도 황족은 야스쿠니신사의 제신(祭神)이 되지 못했다. 전사한 황족을 위해서는 별도로 신사가 만들어졌다. 같은 국가 제사라도 황족과 신민은 신으로 모시는 신사의 격이 달랐기 때문이다.

전사자라고 판정된 황족은 청일전쟁 후 대만을 식민지로 삼으려는 전쟁에서 전쟁중 병사한 근위사단장 기타시라가와노미야 요시히사(北白川宮能久) 친왕(親王), 중일전쟁중에 몽골(내몽고)에서 전사한 요시히사 친왕의 손자인 기타시라가와노미야 나가히사(北白川宮永久) 친왕 등 두 명이었다. 요시히사 친왕은 간페이추샤타이난(官幣中社台南)신사에서 모셨는데, 패전 후 일본의 대만 포기에 따라 그 신체(神體)를 일본으로 옮겨 야스쿠니신사에서 모시게 되었다. 나가히사 친왕은 모쿄(蒙疆)신사를 건립해서 모실 예정이었으나 실현되기 전에 패전을 맞아 일반 제신과는 별도로 야스쿠니신사에 모셨다.

현재 야스쿠니신사는 각각 독립적인 제신인 두 명의 황족 영새(靈璽)와 합계 246만여 명의 제신을 일괄한 영새 등 두 개의 영새를 본전(本殿) 내에 안치하였다. 제신으로서는 전부가 동격인 주신이라고 해도 황족과 신하는 완전히 별개로 취급한다.

야스쿠니신사의 합사 기준도 국가의 관리하에 있었던 패전 직후까지의 기준과 하나의 종교법인이 된 현재와는 다르다. 국가의 관리하에 있었을 때 합사 기준은 원칙적으로 그 기준이 정해져 있어 이 기준을 적용했고, 개별적인 경우에는 천황의 의지를 따르는 형태로 최종적으로는 결정하였다.

종교법인이 된 현재의 야스쿠니신사의 합사 기준에 관해서는 형식적으로는 야스쿠니신사가 결정권을 가지고 있다. 그러나 실질적으로는 야스쿠니신사를 지탱하고 있는 여러 단체의 의향이 강하게 반영되고 있다고 생각된다. 전후 야스쿠니신사 합사 문제로 국민을 놀라게 한 것은 1979년 4월 19일 야스쿠니신사가 그전 가을에 A급 전쟁범죄인이었던 도조(東條英機) 전 수상 등 14명을 몰래 합사했던 사실이 드러났기 때문이었다. 몰래 합사했다는 것 자체가 야스쿠니신사측에게도 뭔가 꺼림직했다는 것을 나타낸다.

현재 야스쿠니신사 사무소가 내는 책자『야스쿠니신사의 개요』에는 "나아가 또 대동아전쟁 종결시 책임을 지고 자살한 분들, 소위 전쟁범죄인으로서 연합국측에 의해 일방적으로 처형된 천여 명 분들(당 신사에서는 이분들을 '쇼와순난자〈昭和殉難者〉' 라고 호칭하고 있습니다)" 을 합사하고 있음을 적고 있다. 이 기재 방식은 A급 전범도 B · C급 전범도 고의적으로 함께 뭉뚱그려 '연합국측에 의해 일방적으로 처형된' 이라고 표현한다는 점에서 악의적인 작위성을 느끼게 한다.

A급 전범은 전쟁을 시작한 정치적 책임자이며 일본이란 국가를 한 번 망국의 늪에 떨어뜨린 최대의 직접 책임자이다. 야스쿠니신사 규칙의 '목적' 에서 들고 있는 "메이지 천황이 말씀하신 '안국(安國)' 의 성지(聖旨)에 의거하여" 라는 취지와 완전히 반대되는 존재이다. 종교법인법에 의거해 스스로 규정하여 관할청의 인가를

받은 규칙에 반하는 행위라 하지 않을 수 없다.

이러한 제신을 모시는 야스쿠니신사를 국가가 호지하거나 또는 국가의 대표가 공식참배를 하게 된다면 일본 국민은 제2차 세계대전의 전쟁책임과 전쟁범죄를 스스로 공식적으로 면죄했다는 비난을 전세계로부터 받게 될 것이다. 교과서에서 침략의 문자를 말살시킨 문부성 교과서검정이 한국이나 중국에 이르기까지 모든 아시아 각국의 격렬한 비난의 대상이 되어 중대한 외교 문제로 발전한 사실을 일본 국민은 잊어서는 안 될 것이다.

2. 패전 후의 정교분리

『대일본제국의 연구』

제2차 세계대전에서 일본이 항복하기까지, 보다 엄밀히 말하면 점령군의 지령에 의해 국가신도가 폐지되기까지 야스쿠니신사는 일본의 국가신도라는 국교 체계 속에서 거대한 정점을 이루던 신사 중 하나였다. 국가신도란 무엇인가, 국가신도는 과연 일본의 국교였는가, 국가신도 체계 속에서 야스쿠니신사의 위치는 어떠했는가, 하는 문제는 나중에 자세히 다루도록 하겠다.

이러한 존재였던 야스쿠니신사가 하나의 민간 종교법인이 된 경위—다시 전쟁 전의 지위를 회복하기 위하여 '야스쿠니신사 국가호지법안' 문제가 일어나게 된 전제—에 대해서 먼저 여기에서 개관해 둔다.

패전 후 일본 점령 정책의 입안 · 결정 · 실시에 커다란 역할을 한 것은 말할 필요도 없이 연합국의 중심이 되어 일본의 점령 · 관리에 임했던 미국이다. 그러나 한마디로 점령 정책의 방침 결정을 기본적으로 규정한 것은 전쟁중 미국의 대일관이었지만 그것은 실로 매우 다양했다.

미국 국민의 여론은 별개로 하더라도 정책의 입안 · 결정에 책임이 있는 미국 정부나 군당국의 당사자들 사이에서도 여러 가지 견해의 차이가 있었다. 군사적 입장에 선 군부와 정치적 입장에 선 국무성과의 입장 차이, 국무성 내부에도 개전 당시의 주일 대사였던 조셉 그루 등 소위 '일본파'와 오엔 라티모어 등 소위 '중국파'의 입장 차이, 나아가 전후 소련에 대한 전략상 문제를 우선 고려한 보수파와 루스벨트 정권하에서 실력을 가지게 된 뉴딜파와의 입장 차이 등, 여러 입장 차이가 교차하고 있었다. 이들 입장 상호간의 관계는 복잡한 역학 관계와 빠른 속도로 변하는 국제 · 국내 정세에 의해 변화되어 대일 정책의 결정 · 실시 역시 이러한 변화에 크게 영향을 받았다. 이런 복잡한 관계의 움직임에 대해서는 생략하고 여기에서는 대강의 최대공약수적인 미국의 대일관에 대해 살펴보기로 한다.

미국에 『포춘(*The Fortune*)』이라는 종합지가 있다. 현재 일본에서는 종합지의 영향력이 다른 매스미디어의 발달로 축소되어 영향력을 잃어가고 있지만, 종합지의 영향력이 컸던 전쟁 전 일본으로 치자면 『중앙공론(中央公論)』이나 『개조(改造)』에 해당하는 잡지이다. 『포춘』은 1944년 4월호를 '일본특집호' 로 발간했다.

국내용인 『포춘』 '일본특집호' 에 같은 해 12월 현재 새로운 자료를 보충하여 미국전시출판위원회에 의해 설립된 해외출판협회가 『대일본제국의 연구』(熊澤安定 역)를 간행했다. 이 책은 미 국내에서는 판매되지 않았다. 말하자면 그 책은 1944년 말경 미국의 최대공약수적인 대일관을 연합국에 전하는 것을 목적으로 간행되었기 때문이었다. 그렇기 때문에 그 내용은 매우 설득력이 있으면서 냉정하고 고도의 일본 인식이 드러난다. 그 책은 모두 11장으로 되어 있는데 그 제1장의 제목은 "일본 고래의 신도(惟神の道)" 이다.

전쟁중 미국의 대일관

이 책이 일본을 분석하는 시각은 "일본인이라 하더라도 다른 어떤 인종과 마찬가지로 결코 전쟁본능으로 뭉쳐진 것은 아니다. 그 문화양식을 잘 보면 의식적, 무의식적으로 근대의 풍조, 예로부터 지속된 습속, 일반의 일상생활이 잘 혼합되어 만들어진 것으로, 결코 우리들이 이해하기 어려운 것은 아니다" 라는 입장이다. 우선 일본인을 특수한 인종으로 보는 편견을 가지지 말고 일본 문화의 특질을 이해하자고 호소하고 있다. 다음에 당시 일본 문화의 특질을 먼저 '일본 고래의 신도' 에서 찾고 있다.

"일본은 오늘날 자국, 자신을 볼 때 그것(일본 고래의 신도)을 순수한 일본적인 것이라고 생각하고 있다. 일본은 상고 시대 이래 신도에 그 기원을 구하고 이것을 근거로 해서 열렬한 민족주의 신앙을 창출해 왔다. 즉 고래(古來) 신도의 길을 위해 죽은 사람들은 모두 신으로서 받드는 것이다", "일본인은 기독교와 같은 것까지 충군애국의 신념 안에 통합하려고 했다" 라고 말한다.

"고래(古來) 신도의 길을 위해 죽은 사람들은 모두 신으로서 받드는 것" 이 일본 고래의 문화적 전통이라는 서술은 정확하지 않다. 그것은 고래의 습속에 기초하면서도 메이지 이후에 다시 만들어진 제도이다. 그러나 당시의 일본 정부나 어용학자들이 그렇게 주장했기 때문에 이런 오해는 이 책의 책임이 아니다.

다음으로 이 책은 천황에 대해서 "천황이란 일본인의 활력, 충성심, 나아가 도덕심이 여기에 귀일(歸一)하는, 말하자면 마음의 안식처이며, 세속의 정권이 신성한 권위를 부여받고 모든 영예가 여기에서 그 기원을 발하는 곳이다. 일본인에게 천황이란 지금 살아가는 근거이자 동시에 최악의 경우에는 신명을 던지는 근거이기도 하다" 라고 지적하면서, 일본군이 사이판 등에서 보여 준 옥쇄정신(玉碎精神)의 원천이 여기에 있음을 예증하였다. 그리고 "일본인이라면 천황을 위하여 봉공(奉公)의 성의를 다하여 '신금(宸襟)을 편안히 해드리는 것' 이 당연한 것이다. 천황이란 국가를 그 한몸으로 구현하는 존재이며, 천황은 곧 일본이다" 라고 정의하였다.

이 책은 더 나아가 일본의 건국신화, 세 가지의 신기(神器 : 신이 천황가에 하사한 물건으로 거울, 방울, 검을 일컫는다-역자주), 팔굉일우(八紘一宇 : 전세계가 일본을 중심으로 하나가 된다는 뜻으로, 제2차 세계대전 당시 일본이 자국의 해외진출을 정당화시켰던 표어-역자주)의 사상과 이세(伊勢)신궁의 존재 의미를 소개한 다음, 결론적으로 이렇게 말한다. "이것이 신도, 즉 고래 신도의 길이다. 이것이 사람들의 마음속에 천황과 국가를 하나로 느끼게 한다. 신학이나 교의에 근거한 것이 아니다. 소박한 실천으로서의 정성스러운 마음이다. 학교에서 군대에서 또 가정에서 반복해서 배우고, 축제일의 장엄하고 화려한 식전에서 더욱 이것이 강화된다. 커다란 아홉 가지 축제일을 비롯하여 크고 작은 축제는 연중 무수하게 많아, 경외하는 황통(皇統)의 위엄과 면면함, 그리고 존엄을 국민 앞에 나타내는 것이다" 라고, 구 사상교육이 일본인의 생활환경 전체를 감싸고 있어 다른 요소가 침투할 틈이 없음을 분명히 하고 있다.

무조건 항복의 요구

일본에서 천황과 '고래 신도의 길'의 관계를 이와 같이 분석한 이 책은 최후의 제11장에서 '전후 대일 처리' 문제를 논하고 있다. 전후 처리론은 정치적으로는 '중국파' 쪽으로 기운 것이지만, 경제적으로는 비징벌적으로 전후 일본의 비군사화, 자유주의화를 가능한 한 일본인 스스로 실현케 하려고 생각하였다. 전체적으로 보면 온건한 입장을 취하고 있다.

다만 매우 분명히 한 점은 천황에 대한 무조건 항복 요구와 전후 대일 처리 문제에서 천황의 문제를 중시한 점이다. "우리들이 지향하는 것은 일본이 또다시 새로운 전쟁을 일으키는 일이 없도록 그 전의와 무기를 함께 박탈하는 것이다" 라고 달성해야 할 전쟁목적을 명확히 한 다음, "연합군은 최후의 순간까지 무조건 항복

이외에는 달리 길이 없음을 분명히 하고 불퇴전의 결의를 가지고 임할 때 비로소 강력하고 효과적인 조치도 가능할 것이다" 라고 명기하였다.

무조건 항복의 의미에 대해서는 "무조건 항복이란 우리가 말하는 조건에 의거한 항복을 의미한다. 만에 하나라도 일본의 요구를 받아들여 도쿄의 거리에서 우리들의 군사적 위세를 나타내 보일 수 있는 우리들이 제시한 조건이 관철되지 않은 채 평화조약에 응한다면, 눈과 귀를 막은 채 살아온 일본인은 아마 이것을 자신들의 완벽한 패배로 인정하지 않을 것임에 틀림없다"고 했다.

최근 일부 문학자들 사이에서 "일본군은 무조건 항복했으나 일본 정부는 포츠담 선언 수락이라는 조건부로 항복한 것이다" 라는 주장이 있다. 그러나 "무조건 항복이 우리가 말하는 조건에 의거한 항복을 의미한다" 는 정의 앞에서는 이러한 주장은 성립할 여지가 없다. 구체적으로 무조건 항복은 일본이 '우리가 말하는 조건(후에 포츠담 선언)' 을 수락하는 것으로 완전한 패배를 스스로 인정하고 동시에 그 '조건' 에 명시된 군사 점령을 체험하는 것으로 그 패배를 실감하는 것을 의미했다. 그 목적은 일본인을 천황신앙이라는 주박(呪縛)에서 해방시키는 것이었다.

대일 정책의 초점

"이렇게 대일 처리를 둘러싼 논의의 초점은 천황이라는 존재에 맞춰지게" 된다. "일본의 침략전쟁의 근원은 결코 단순한 외교나 무역 문제만이 아니다. 그 근원은 또한 일본인의 심성, 일본의 사회 구조 깊은 곳에서 발생하고 있으며, 나아가 이 위험한 사회적, 심리적 구조의 중요한 부분이 되는 것이 바로 천황이라는 존재이다"라고, 천황의 존재가 전후 일본의 민주주의화의 최대 장애물이 될 것을 지적하고 있다. 여기에서 천황의 문제는 전후 대일 처리 정책이 구체화될 때 미국을 가장 곤혹스럽게 만드는 문제가 되었다.

분명히 "천황이라는 존재가 있는 한 일본인의 마음은 구태의연하게 그것에 사로잡힌 채로" 끝날 가능성이 크다. 그러나 "천황을 퇴위시킨다든지 하면 터무니없이 그를 순교자로 떠받들어 일본적 심정을 보다 강화시키는 말도 안 되는 잘못을 범하게 될 것이다"고 생각했다. 해결 곤란한 딜레마였다. 군사점령은 영원히 계속될 수 있는 것이 아니다. 천황을 순교자로 떠받들면 그 반동이 강화조약 체결 후에 어떤 형태로 미국에 되돌아오게 될 것인가, 이 점에 대한 장기적인 전망이 필요했다. 전후 대일 처리 정책의 초점인 천황에 대한 처리 문제가 미국을 고뇌하게 만들었는데, 천황을 신으로 두지 않고 그러면서도 패전국 일본의 복수심을 키워 순교자로 떠받들게 하는 일도 피할 수 있는 길이 모색되었던 것이다.

일본의 항복 전후에 미국 국내 및 연합국 내부에서 천황을 둘러싼 전후 대일 처리 정책에 관한 논의의 동향에 대해서는 최근 미국을 중심으로 한 이들 연합국 당시의 자료에 근거한 자세한 연구가 일본인 연구자에 의해 행해졌고 그 성과도 발표되었다. 따라서 여기에서는 상세한 고찰은 피하기로 한다. 다만 일본을 항복에 이르게 하기 위한 천황의 이용가치와 천황에 대한 조치 문제를 둘러싼 이 자료들은, 여러 가지 다른 견해가 연합국의 대일 정책 담당자들 사이에 있었지만 상당히 심도 있는 연구와 논의가 행해졌음을 나타낸다.

그러나 연구와 논의가 행해지고 있었다고는 하지만, 일본이 항복한 시점에서는 아직 정책안의 단계로까지 완성되지 않았다는 것도 분명하다. 그 주요한 원인 중 하나는 일본과 싸운 3대국(소련의 참전 결정 전)인 미국, 중국, 영국의 견해가 일치하지 않아 공통된 정책을 만드는 것이 곤란했기 때문이었다.

후에 대일 점령 정책 특히 대 천황 정책에 관한 기본 문서로서 중요한 의미를 갖게 된 PWC-116d, CAC-93e라는 번호를 가진 "일본-정치 문제-천황제"라는 제목의 문서는, 당시 미국 국무장관인 고델 헐과 전 주일대사관의 극동문제국장 그루가 중심이 된 '전후정책위원회(PWC)'가 작성한 것으로 1944년 5월 9일자로 되어 있다. 그러나 이 문서의 작성 단계에서는 이 문서가 정책안으로서 채용될 가능성에 대해서 PWC 자신도 거의 자신감을 가지지 못했다.

그 이유를 이 PWC 문서는 "중국인은 천황제 폐지를 바라고 있고, 미국 여론은 점점 천황제 폐지에 의한 해결을 선호하는 경향이 있다는 징후가 보인다. 한편 영국인은 전쟁 종결시에 그러한 행동으로 나가는 것을 반대할지도 모른다. 천황에 관해 취해야만 할 최선의 정책에 대해서는 영국 · 중국 · 미국 사이에 어떤 의견의 불일치 가능성이 있다는 것을 고려한다면, 최후 결정은 이들 3개국이 공통으로 동의할 수 있는 선에서 결정하게 될지도 모른다" 고 밝혔다.

미국의 대 천황제 정책론

PWC-116d 문서는 천황제에 관한 상황을 분석한 후 그 결론으로 몇 가지 권고를 담고 있다. 한편 1944년 12월 설치된 국무 · 육군 · 해군 삼성조정위원회=전후정책입안위원회(SWNCC)는 1945년 3월 16일자 "일본국 천황의 처리에 대해서" 라는 제목의 문서(SWNCC-55)를 작성했는데, 이것은 단순히 정책입안의 순서를 정한 것이었다. 이것에 실질적인 내용이 담기게 된 것은 일본 항복 후인 9월 26일 문서 SFE-126에서였다.

결국 일본이 포츠담 선언을 수락한 당시에 미국이 가지고 있었던 체계적인 천황제 정책안은 앞에서 말한 PWC 문서뿐이었다. 이 PWC 문서의 권고가 1945년 8월 22일 결정된 SWNCC-50/3에 받아들여져, 8월 29일 무선으로 맥아더 총사령관에게 보내졌고, 약간의 문장 수정과 정리 작업을 거쳐 9월 6일 트루먼 대통령의 승인을 얻어 '항복 후의 미국의 초기 대일 방침' 으로서 확정되었다.

대일 점령 초기의 대 천황제 정책 입안의 기초가 되었던 상황분석과 정책 시안을 동반한 미국 정부의 공식 문서는 1944년 5월 9일 PWC-116d가 유일한 것이었다. 이 PWC의 천황제에 대한 분석은 다음과 같이 요약할 수 있다.

일본인은 현재 천황에 대해서 거의 광신적이고 헌신적 애착을 가지고 있다. 외부로부터 천황제를 폐지하려는 시도는 일본인의 현재 태도가 변하지 않는 한 효과가 없을 것이다. 일본 국민의 의지에 반해 단순히 현 천황을 폐위하는 것은 일본인이 천황제를 믿고 그것을 호지하려고 결심하는 한 어려울 것이며 또한 법률로 그 존재를 말살하는 효과를 거두는 것도 불가능할 것이다. 이러한 상황에서 만일 연합국이 천황제 부활을 방지하려고 한다면 일본을 무기한으로 점령하는 것이 필요할지도 모른다.

이와 같은 정세는 일본 천황제의 독특한 지위 때문에 일어나는 것이다. 천황은 모든 권위가 나오는 원천으로 생각되고 신성불가침으로 간주된다. 공인된 통치상의 수속은 일본 군부가 천황을 그 목적 달성을 위한 도구로 이용하는 것을 승인하고 있다. 군국주의를 일본으로부터 일소하려고 한다면 군부와 천황 사이에 만들어진 이 긴밀한 관계는 가능한 한 단절하지 않으면 안 된다.

이상과 같은 분석은 결론적으로 천황제의 전면적인 폐지는 곤란하다는 판단 아래 천황과 군국주의와의 제도적인 연관을 어떻게 단절하고 일본의 비군사화와 민주화를 촉진할 것인가라는 점에 초점을 맞추고 있다.

대 천황제 정책

이러한 분석에 근거해서 권고는 "일어날 수 있는 어떠한 정세에도 대응하기 위하여 방책을 변화할 수 있도록" 5개조 정도의 대책을 들고 있다. 그 방책 중에는 일본이 본토 결전을 행할 경우의 대책도 포함되어 있다.

실제로는 천황의 이름으로 포츠담 선언의 수락이라는 형식으로 일본의 항복이 실현되었기 때문에, 준비된 권고 중 "일본 국민에 대해서 점령군 당국의 권위는 천황의 권위보다 높다는 것을 명시해야만 한다", "점령군 당국은 천황에 대한 대우나 천황과 접촉할 때 일본 천황이 다른 일시적인 통치자와는 다르고 또 그들보다 우월하다든가 천황은 지성(至聖)이라든가 또는 없어서는 안 될 존재라든가 하는 일본인의 생각을 인정하든가 아니면 지지하는 것을 의미하는 어떠한 행동도 삼가야 한다. 평화를 위협하는 것을 제외하고 토론의 절대적인 자유를 허락해야만 한다"라는 두 항목이 '항복 후 미국의 초기 대일 방침'에 채용되기에 이르렀다.

미국이 초기 대일 정책에서 취한 방침은 일본 국민에 대해 천황이 신성불가침의 절대적 존재가 아니라는 것을, 천황이 점령군 최고사령관에게 복종한다는 구체적인 정치 형태를 통해서 인식시키는 것, 일본 국민에게 천황제에 대한 비판의 자유를 인정하는 것으로 신격적 존재로서의 천황의 절대적 지위에 관한 인식을 바꾸는 것을 일본 국민 스스로에게 맡기는 것 등 두 가지였다.

"군국주의를 일본으로부터 일소하려면 군부와 천황 사이의 긴밀한 관계를 가능한 한 단절하지 않으면 안 된다"라는 정책을 취함으로써 천황의 존속을 인정하려고 한다면, 당연히 무엇이 이 둘을 긴밀하게 연결시키는 고리이며, 이 고리를 어떤 정책을 써서 단절할 것인가가 점령 정책의 중대한 초점이 된다. 여기에서 국가신도가 정책상의 중요한 대상으로 부상한 것이었다.

근대 천황제를 지지해 온 이데올로기가 '고래 신도의 길'에 있다는 인식을 가지고 있었던 미국의 대일 정책 입안당국은, 당연히 천황제에 대한 정책연구와 병행해서 국가신도를 정책 논의의 대상으로 삼았다. 1944년 3월 15일자의 문서 PWC-115, CAC-117의 번호를 가진 "일본 · 신앙의 자유"라는 제목의 문서가 그 연구의 결론이다. 이 문서는 연합국이 일본 국민에게 신교의 자유 원칙을 적용함에 있어 '현재 국가주의자들이 일본의 침략 확대에 이용하기 위해 국가주의적 천황 숭배를 광신적일 정도까지 부추김에 따라 복잡한 상황이 되어 있는' 일본의 신도에 대해서 어떠한 정책을 가지고 임해야 하는가를 검토하고 있다.

비군사화 정책하의 국가신도

검토 결과 신도가 가지고 있는 두 가지 측면을 명확히 구분하고 그 한 측면으로서 고신도(古神道)는 신교 자유의 대상일 수 있다고 했다. 문제는 다른 측면, 즉 국가신도에 집약되었다. 국가신도에 대해서는 "그러나 극도로 호전적인 국가신도는 명백히 태평양지역 그리고 아마 세계 평화에 대한 위기의 근원이다"는 입장에서 "이 새로운 국가신도의 실천은 주의깊게 감시되어야 한다"고 결론짓고 있다. 덧붙여서 전국에 있는 10만 개의 신사를 세 종류로 분류하고 그 대부분을 "지방의 제사 장소로 엄밀하게 종교적인 신사인 것은 분명하다" 고 성격을 규정하고 있다. 두 번째 부류로서 "이세신궁과 같은 몇몇 신사 역시 고대적 종교의 신사이기는 하지만 그것에 국가주의적 상징이 덧칠해져 있다" 고 지적하였다.

가장 크게 문제시된 것은 세 번째로 분류된 신사였다. "야스쿠니신사, 메이지(明治)신궁, 노기(乃木)신사, 도고(東鄕)신사, 그 외의 국가적 영웅을 모시는 근대적 신사 몇 개는 우리가 이해하는 의미에서 '종교' 적 신앙의 장소가 아니라 국가주의적, 군국주의적인 영웅에 대한 숭배 및 전투적 국민정신의 함양을 위해 만들어진 국가주의 신사" 라고 정의되었다.

이들 신사는 모두 메이지 이후에 창건된 신사로, 패전에 의해 소멸된 식민지에 만들어진 신사를 제외하면 메이지신궁, 가시하라(橿原)신궁을 비롯한 천황 · 황족을 모시는 크고 작은 관폐사(官幣社 : 국가 공진금제도에 의해 공물을 국가가 지급하는 신사-역자주), 미나토가와(湊川)신사를 비롯한 천황의 충신들을 모시는 별격관폐사(別格官幣社), 노기신사와 도고신사를 비롯한 현사급(縣社級 : 공비 공진금제도에 의해 도〈道〉가 공물을 지급하는 등급의 신사-역자주)의 신사, 여기에다 별격관폐사이지만 독자적인 성격을 가지며 실제로는 현사(縣社), 촌사(村社)에 속하는 전국의 호국신사를 포함한 거대한 신사 체계를 구성하고 있는 야스쿠니신사 등이다. 그 중에서도 다른 신사와는 그 성격과 소관을 달리하여 군부의 관할하에 있는 야스쿠니신사의 존재는 특히 중요시되었다.

PWC에 의하면 세 번째 부류의 신사 특히 야스쿠니신사는 국가신도 그 자체이며, 야스쿠니신사로부터 국가신도 특유의 종교적 의례를 제거해 버리면 이미 '종교' 라는 이름에 걸맞지 않는 완전한 국가주의의 전당이고 그 점에서는 다른 대다수의 신사나 이세 신궁과도 또 다른 성격의 시설이라고 규정되었다. PWC의 견해에 의하면 이들 세 번째 부류의 신사에 대해서는 일본 정부 역시 종교가 아니라고 주장하고 있으니—일본 정부는 국가신도는 종교가 아니라고 주장했다—폐쇄를 명령해도 신교(信敎)의 자유에 위반되는 것이 아니나 "국가신도 의례가 가지는 국민에 대한 영향력을 약화시키기 위해서 군사적인 패배와 군대의 동원 해제와 같은 시기에는 이러한 신사를 용인해 두는 것이 강제적으로 패쇄해 버리는 것보다 오히려 이로울지도 모른다. 왜냐하면 강제적인 패쇄는 도리어 그 신앙을 강화시킬 염려가 있기 때문이다" 라고 말한다.

결론적으로 PWC는 이들 국가주의 신사에 대해서도 국가신도 의례와의 분리를 전제로 신교 자유의 대상으로서 그 존속을 용인하는 방침이었다. "엄밀한 의미의 국가주의 신사에서는 해당 신사에서 시위 행진이나 대중 집회를 포함한 의식 · 집회는 폐지되어야만 한다. (중략) 이들 신사도 공공의 질서와 안전에 반하는 행동을 나타내지 않는 한 개인적 신앙을 위해서 공개 존속을 허락해야만 할 것이다" 라고 권고했다.

정교분리 지령

'항복 후 미국의 초기 대일 방침' 은 이상과 같은 경과를 거쳐 신앙의 자유에 관해 "종교적 신앙의 자유는 점령과 동시에 즉시 선언되어야 한다. 동시에 일본인에게 초국가주의적 및 군국주의적 조직 및 운동은 종교의 외피 속에 숨을 수 없다는 것을 명시해야 한다"는 방침을 분명히 했다. 1945년 10월 4일의 '정치 · 신교 및 민권의 자유에 대한 제한 철폐' 지령에 따라 치안유지법을 비롯한 종교단체법을 포함하여 '사상, 신교, 집회, 언론의 자유에 대한 제한을 확립 또는 유지하는 법령' 철폐가 실현되어 정치범(종교 관계자를 포함하여)이 석방되고 사상경찰인 특고경찰 이하의 기구 해체가 이루어졌다.

국가신도에 대한 연합국 정책의 기본 방침은 11월 1일자의 '일본 점령 및 관리를 위한 연합국 최고사령관에 대한 항복 후의 초기 기본 지령'으로 점령군 당국에 전해졌다. 연합국이라 해도 아직 연합국의 일본 관리 정책 결정기관인 극동위원회는 성립되지 않았고 실질적으로는 미국 정부가 결정의 중심이었다.

이 '기본 지령'에 국가신도에 관한 지령으로서 "일본의 군국주의 및 초국가주의 이데올로기와 그에 대한 어떠한 형식의 선전도 금지되고 완전히 억압된다. 귀관은 일본 정부에 대해 국가신도 시설에 대한 재정적 그 외의 다른 원조를 금지하도록 요구한다"는 지령이 포함되어 있었다. 이렇게 해서 12월 15일 점령군총사령부로부터 '국가신도(신사신도)에 대한 정부의 보장, 지원, 보전, 감시 및 홍포(弘布)의 폐지에 관한 각서', 즉 '정교분리'(국가신도 폐지)에 관한 지령이 일본 정부에 대해 발표되었다.

이 지령은 신도의 억압을 의미하는 것이 아니다. 그 목적은 지령 자체에 드러나는 것처럼 "본 지령의 목적은 종교를 국가로부터 분리하여 종교를 정치적 목적을 위해 악용하는 것을 일절 방지하고 엄밀하게 균등한 기회와 보호를 받을 자격이 있는 모든 종교, 신앙, 교의를 완전히 같은 법제적 기초 위에 두는 데 있다"라는 원칙의 실현을 지향하는 것이었다. 이것은 지령 중에 "정교분리 후의 신사 신도는 신봉자가 원한다면 종교로 인정되고 또 그것이 일본인 개개인에게 실제로 철학 내지 종교인 한 다른 종교와 동일하게 보호받을 것이다" 라고 명기되어 있는 데서도 알 수 있다.

'정교분리' 지령에 대한 신도측의 대응 내지 저항에 대해서는 당시 신도측 활동의 중심이었던 아시즈(葦津珍彦)의 증언이 있다(『공동연구 일본 점령군 : 그 빛과 그림자』 하권). 아시즈는 지령 반대측에 서서 활동한 인물이기 때문에 자료 등에는 정통해 있으나 그 증언 내용에는 당연히 자신의 입장을 정당화하기 위해 사실을 편파적으로 표현하고 있는 점도 꽤 있다. 예를 들면 앞의 PWC 문서를 읽은 것을 인정하고 그 안에서 보이는 세 종류의 신사 분류 방식에 대해 그것이 정당하다는 것을 인정하면서도 "GHQ(점령군 최고사령부)의 방침은 메이지 이래의 신사는 파괴한다는 생각이었다" 고 증언했다. 물론 상당한 시간이 지나서야 일본인이 원자료를 볼 수 있었기 때문에 지령이 나온 당시의 주관적인 인상과 객관적인 자료의 내용에 차이가 있었을 수도 있을 것이다. 만일 그렇다면 그 나름대로 당시의 인상이라는 조건하에 증언했어야만 한다.

정부의 선택

같은 경향은 아시즈의 야스쿠니신사에 대한 증언 부분에서도 나타난다. 아시즈는 "알다시피 야스쿠니는 근대 국가주의 사상에서 나온 것으로 천지 운행의 평온을 위해 기도하는 장소가 아닙니다. 전몰자에 대한 경의를 표하는 장소잖아요. 그런데 그것을 파괴해야만 한다는 생각이 GHQ에 있었습니다. 그러나 그렇게 하면 호국신사나 별격관폐사(別格官弊社), 그것에 준하는 많은 현사(縣社) 등은 어떻게 할 것인가 하는 문제에 부딪혔습니다. 그래서 그 사람들은 결국 야스쿠니도 호국(護國)도 당분간 종교법인으로서 인정한다는 입장을 취했습니다" 라고 말했다. 그러나 앞의 PWC 문서에서도 야스쿠니를 파괴한다고는 말하지 않았다. 기본적으로는 "개인적 신앙을 위해 공개 · 존속을 허락해야만 한다" 는 입장이었다.

'기본 지령' 을 받은 GHQ는 '정교분리' 지령을 일본 정부 앞으로 보내기 전에 일본 정부와 사전에 절충 작업을 하였다. 그러나 이 '기본 지령' 을 일본 정부에 보내는 지령으로 구체화하는 단계에서도 GHQ측으로부터 야스쿠니를 파괴하라는 의미의 의사 표시는 없다. GHQ측이 문제시한 것은 야스쿠니신사를 신사, 즉 종교시설로서 남길 것인가, 전몰자 추도라는 기념비적인 시설로 남길 것인가 하는 것이었다.

종전연결사무국이 GHQ에 제출한 문서 '신사 문제 대책' (11월 20일의 각의 결정에 의거한다)을 둘러싼 제2회 공식회의에서 야스쿠니신사에 관한 토의가 이루어졌는데, 그 내용은 일본측의 기록에 의하면 다음과 같다.

> 다음으로 우리들이 야스쿠니신사에 대해서 한마디 하겠다. 이 신사에 대해서는 당신들이 군국주의와 신도의 신비주의와의 결합으로서 특히 문제시하는 모양인데, 우리 일본측으로서도 이 신사 역시 완전히 국가의 행정 및 특별 대우에서 분리되고, 또한 제신도 새로이 받들여질 것도 없을 테니까 이미 받들어진 제신의 유족을 신도로 하는 하나의 신사로서 존속하는 것에 아무런 이의가 없다고 하자,
>
> 미국측 대표는 이 신사의 지위에 대해서는 지금부터 전사자의 기념비적인 것으로서만 존속을 허락하자는 의견도 있는 모양인데 이에 대해 일본 정부의 의견은 어떤가를 묻자, 일본측 대표가 말하기를 정부가 아직 적확한 결정을 내리지 못했지만 앞의 내각 결정의 해석으로서 단순한 기념비 또는 묘가 아니라 앞에서 말씀드린 대로 하나의 신사로서 존속을 허용하는 것이 일본 정부의 의향이라고 알고 있다고 말하자, 미국측 대표는 이에 대해 어떤 결정적인 의견을 말하는 것을 피했다.

중요한 것은 전몰자 추도시설로서 야스쿠니신사를 비종교적이고 보편적인 기념비적 시설로서 성격을 바꿔 존속시킬 것인가, 어디까지나 종교적 시설인 '하나의 신사'로 남길 것인가 하는 문제에 직면해서 종교적 시설인 '하나의 신사'로서 존속시키는 길을 선택한 것은 일본 정부 자신이었다는 사실이다. 이때 일본 정부는 스스로 야스쿠니신사를 국가에 의한 전몰자 추도시설로서 유지하는 길을 폐쇄시킨 것이었다. 일본 정부의 이 선택에 대해 GHQ측

은 결국 앞에서 말한 PWC 문서의 권고에 따라 개인적 신앙의 대상인 신사로서의 존속을 용인하게 되었다.

단립 종교법인

'정교분리' 지령에 의거하여 2월 22일 종교단체법을 대신하여 종교법인령이 공포되었다. 신사는 종교법인으로서 재출발하게 되었다. 전국 10만 6,137개의 신사 중에서 8만 6,157사는 포괄적 종교법인인 신사본청(1946년 2월 3일 설립)에 가입했다. 다른 1,060사는 다른 교파에 속하든지, 단립 종교법인으로서 독립했다. 야스쿠니신사는 단립 종교법인이 되었다.

국가신도 시대에는 공법인(公法人)으로서 국유지였던 신사 경내가 다른 많은 신사에게는 무상으로 양도되었다. 그러나 야스쿠니신사, 호국신사 등의 '군국신사'에게는 강화조약 조인 후인 1951년 9월까지 양도가 보류되었다. 강화조약 발효 후인 1952년 4월 종교법인령이 폐지되고 종교법인법이 시행되었다. 종교법인법 시행에 따른 야스쿠니신사 규칙제정과 규칙에 들어 있던 야스쿠니신사의 목적이 가진 종교적 성격에 대해서는 이미 서술하였다.

문제는 정부가 야스쿠니신사를 왜 '하나의 신사'로서 존속시키는 길을 선택했는가 하는 것이다. 이 문제에 관해서는 이세신궁에 대해서도 동일한 문제가 있었다. 후에 이 문제의 전말은 헌법조사회의사록(제3위원회 제14회의사록-1960년 3월 9일)의 참고인인 기시모토(岸本英夫 : 도쿄대학교 종교학 주임교수)의 증언이 명확히 밝혀주고 있다.

> (이세신궁은) 처음에 일본측의 설명에 따르면 황실 선조의 묘이기 때문에 이것을 폐쇄할 이유가 없다는 선에서 이세신궁을 보호할 방침이었습니다. 그런데 도중에 해석이 변하여 단순한 묘가 아니라 이것은 종교기구이다라는 해석으로 교섭하기를 바라는 것으로 변했습니다. 묘라는 점이 너무 강조되어 종교적 활동을 포기하지 않으면 안 되는 상황이 된다면 신궁이 성립할 수 없게 될 염려가 있다는 설명이 있었다고 기억하고 있습니다.

GHQ와의 공식회담에서 일본측이 야스쿠니신사를 기념비 내지는 묘로서 존속시키는 것에 반대하여 어디까지나 '하나의 신사'로서 존속시킬 것을 고집한 이유는 이세신궁의 경우와 완전히 동일하게 1945년 11월 20일의 각의 결정에 의거한 것이다. 즉 "종교적 활동을 포기하지 않으면 안 되는" 그러한 성격의 시설로는 절대로 만들지 않겠다는 것이 그 최대의 이유였다. 그 이유는 메이지 이래 국가신도의 역사에서 이세신궁과 야스쿠니신사가 차지해 왔던 커다란 종교적 지위 때문이다.

3. 패전 전의 '제정일치'

학교와 종교

전후 일본에서 정교분리가 중대한 과제가 된 것은 패전 전 일본의 국가가 기본적으로 정교일치(政教一致 : 당시의 언어로 말하면 '제정일치')의 원칙 아래 성립하고 있었기 때문이었다. 나중에 서술하겠지만, 메이지유신이 당정체(政體)라는 제도로서 이상으로 삼았던 제정일치 노선은 유신 후 곧 파탄되어 어쩔 수 없이 전환하지 않을 수 없었다. 그러나 국내의 이데올로기 지배 체제 그 자체는 여전히 '제정일치' 체제 아래 놓였다. 이 '제정일치'의 이데올로기 체제는 바로 국민의 기본적 인권을 억압하는 체제였다. 그것이 가장 현저하게 나타난 것이 학교 교육과 종교 정책에서였다.

1899년 '사립학교령'이 제정되었다. 이것은 조약개정과 더불어 외국인의 국내 거주를 공인함에 따라 각지에 외국인이 경영하는 사립학교 특히 기독교계 학교가 설립되는 것에 대비한 것이었다. 이미 각급 사립학교는 '각급학교령'이 적용되고 있었기 때문에 학교 교육의 제도 · 형태와 내용은 관공립학교와 같은 규제를 받고 있었으나 여기에서 각급 사립학교에 공통되는 일괄 입법을 시행한 목적은 종교 교육에 대한 대책이었다. '사립학교령'에 근거한 감독 관청의 최대 권한은 사립학교에 대한 폐쇄명령권이었다. 폐쇄를 명령할 수 있는 이유 중에 '안녕 · 질서를 문란하게 하는' 이라는 극히 정치적이며 애매모호하기까지한 이유가 들어 있었다

(제10조 제3호).

사립학교령이 공포된 같은 날에 문부성 훈령 제12호가 발포되었다. "일반 교육을 종교의 테두리 밖에서 시행하는 것은 학교 정책상 가장 필요한 것이다. 따라서 관공립학교 및 학과 과정에 관해 법령이 규정하는 학교에서는 과정 이외라도 종교상의 교육을 하거나 또는 종교상의 의식을 행하는 것을 허락하지 않는다"는 것이 그 내용이었다. 구체적으로는 사립 소학교, 중등학교, 고등여학교에서는 종교 교육 · 종교 의식이 금지되었던 것이다. 전문학교에는 학과 과정에 관한 법령 규정이 없었기 때문에 이 훈령은 적용되지 않았고, 종교 교사의 양성을 목적으로 하는 사립전문학교의 설립도 인정되었다.

훈령이 내려질 당시에는 사립대학 설치는 인정되지 않았다. 당시 인정되었던 것은 제국대학의 설치뿐이었다. 1918년 공포된 대학령에 의해 관립 단과대학, 공립대학, 사립대학의 설치가 인정되기에 이르렀다. 사립대학의 경우에 종교 교육의 자유가 인정될 것인가 어떤가가 문제였다. 대학에는 학과 과정에 관한 법령상의 규정이 없기 때문에 이 훈령은 적용될 수 없었다. 또 대학령 제정에 의해 설치된 사립대학의 대부분은 사립전문대학에서 승격된 것으로 전문학교 이래의 관습이 계속되고 있었다. 문부성도 공식적으로는 사립대학의 종교 교육 · 종교 의식에 간섭할 수 없었다.

야스쿠니 참배

그러나 문부성의 속마음은 사립대학에 대해서도 종교 교육 · 종교 의식을 금지하겠다는 것이었다. 문부성의 비공식적인 견해라 볼 수 있는 내용이 문부성 내 교육사편찬회가 출간한 『메이지 이래 교육제도 발달사』 제4권에 있다. 1938년 간행이라는 시기상의 문제도 있지만, 여기에는 "종교를 과학적, 비판적으로 연구 · 교수하는 것이 당연하지만, 어떤 종교를 신앙의 대상으로서 종교 교육을 실시하는 것은 대학의 사명에 맞지 않는다" 라고 명기되어 있다. 전쟁 전에도 대학에만 겨우 인정되었던 학문의 자유에 대한 침해로 여겨질 수도 있었기 때문에 이 같은 형태의 비공식적인 견해 표명으로 그쳤을 것이다. 비공식적이라 해도 이러한 견해를 나타낸 배경에는 문부성을 두렵게 만들었던 하나의 사건이 있었다.

1932년 4월 26일 만주사변 · 상해사변의 전사자를 합사하는 야스쿠니신사 임시 대제(大祭)가 행해져 도쿄의 중 · 고등 학생 및 대학생들을 단체로 참배시켰다. "이번 봄 만주, 몽골, 상해사변의 전몰장병을 합사하기 위해 거행된 야스쿠니신사 대제(大祭)에 도쿄시내 각 중 · 고등 학생들이 군사교관이나 담임 선생에게 인솔되어 신전에 모셔진 호국 영령들을 참배하던 중, 고지마치(麴町)구에 있는 가톨릭계 모 학교(특별히 이름을 비밀로 한다) 학생 중에 같은 교파에 속하는 신자 일부가 군사교관의 명령을 거부하여 완고하게 참배하지 않고, 또한 같은 교파에 속하는 구단(九段)에 있는 모 종교 계통 학교 학생도 이번에 같은 태도를 보이고, 나아가 나가사키

(長崎)시의 모 종교계 중학교에서도 같은 종류의 사건으로 육군성 파견 군사교관이 학교 당국에 따졌지만 그래도 너무 화가 나서 육군성에 보고했다. 군부도 이것을 듣고 격앙했기 때문에 학교 당국은 위험을 느껴 책임 전가론을 생각한 끝에 신사는 종교인가 아닌가에 대하여 문부성이 확고한 훈령을 발표해 달라고 하토야마(鳩山) 문부대신 앞으로 신청해 온"(『호치신문(報知新聞)』, 같은 해 10월 1일) 사건이다.

그때는 만주사변 개시 이래 군을 선두로 매스컴을 동원하여 국민에게 '비상시'의 열기를 부추기기 시작한 시대이며 신문기사의 보도도 악의에 찬 것이었다. 기사 중의 '고지마치구의 가톨릭계 모 학교(특별히 이름을 비밀로 한다)'란 조치대학(上智大學)이며, '같은 교파에 속하는 구단(九段)의 모 종교 관계 학교'란 교세이(曉星) 중학교를 말한다. 육군은 화가 나 이 두 학교로부터 군사 교련교관인 배속장교를 불러들였다(10월 2일). 문부성은 내무성 신사국과 협의한 후 9월 30일 문부차관 명의로 천주교회 도쿄대주교 앞으로 '학생·생도·아동의 신사 참배의 건'을 회답하였다.

회답은 "학생·생도·아동을 신사에 참배시키는 것은 교육상의 이유에 근거한 것으로 이 경우 학생 생도 아동의 단체에게 요구되는 경례는 다름 아닌 애국심과 충성을 나타내는 것이다"라는 내용이었다. 공식적으로는 학생은 대학의, 아동은 소학교의, 생도는 그 이외의 학교의 재학생을 가리킨다. 신사참배는 종교적 행위인가 아닌가 다시 말하면 국가신도는 종교인가 아닌가라는 근본적인 질문에 대하여 문부성(및 내무성 신사국)은 정면으로 무엇 하나 회답하지 않고 신사참배를 국가에 대한 교육상의 의무라고 규정하고 종교상의 이유에 의한 신사참배 거부는 불충 · 비애국적인 행위라고 규정해 버린 것이었다. 참으로 권력이 국가신도 종교행사의 참가를 강제한 행위였다.

이단에 대한 탄압

학교 교육면에서는 국가신도가 종교인가 아닌가라는 문제에 대한 핵심적 회답을 피한 정부도 다른 종교에 대해서는 국가신도에 대한 이교 또는 이단으로서 심한 탄압을 행하였다. 특히 같은 신도에 속하는 교파신도 중에서 국가신도의 교의와 다른 교의를 주창한 종파에 대해서는 중세 유럽 기독교의 이단 탄압을 생각하게 할 정도로 철저한 탄압이 가해졌다.

그 대표적인 사건이 1935년의 오모토교(大本教)에 대한 치안유지법 위반 및 불경사건, 1937년의 '히토노미치' 교단의 불경사건에 의한 결사 금지 등의 사건이었다. 이들 '신흥종파' 에 속하는 교단은 국가신도의 교의와 다른 교의를 주창했다는 것 그 자체가 범죄라 하여 탄압되었다.

오모토교의 교의에서 가장 문제시되었던 점은 탄압한 측의 요약에 의하면, 본래 지상계의 주재신은 스사노오노미코토이고 아마테라스오미카미(天照大神)는 천상계의 주재신이었는데, 스사노오가 저승계로 추방되어 지상계의 주재자로서 아마테라스오미카미의 자손이 군림한 데서 지상이 타락한 원인을 찾았다는 것이었다.

이는 '황실에 대한 용서할 수 없는 불손 · 불경한 언사', '대역(大逆) 사상'이라 하여 탄압이 가해졌다. 그 탄압의 정도는 처참한 것이었다. 탄압 당사자측의 일방적인 명분을 기록해 놓은 내무성 경보국의 『특고월보(特高月報)』 등에 수록된 특고경찰의 내부자료에 의해 알 수 있는 사실만으로도 그 잔혹함을 알 수 있다.

이 자료에는 "사교 오모토의 잔해적인 존재까지도 깨끗이 없애기 위해 노력하고 있음"이라고 적혀 있다. 이 짧은 문장의 구체적인 의미는 교토(京都)의 아야베(綾部)와 가메오카(龜岡)에 중심적인 기구를 두고 있었던 오모토교의 시설 모두를 그 흔적까지 완전히 없어지도록 파괴한다는 의미이다. 아야베의 쓰루야마(鶴山)에 있었던 60여 채의 건물은 전부 파괴되고 기둥이나 대들보는 짧게 잘렸으며 주춧돌은 파헤쳐져 동해에 버려졌다. 가메오카에 있었던 석조건물인 월궁전(月宮殿)은 다이너마이트로 폭파되었다. 교단 소유의 토지는 교단 간부가 체포 구금되어 있던 동안 전부 경찰에 의해 매각되었다. 교조의 묘도 파헤쳐져 공동묘지 구석에 "사람들에게 머리를 밟히는 곳이 아니면 성불하지 못한다"고 하여 유골의 머리가 길가를 향하도록 다시 매장되었다.

국가가 행한 이러한 만행은 죽은 자의 유골에 대한 모독까지를 포함하여 재판이 진행중이어서 아직 판결이 나오지 않는 상태에서 행해졌다. 재판 결과는 전시중의 판결이었으나 항소심 · 대심원에서 치안유지법 위반은 무죄가 확정되고 불경죄만이 유죄가 되었다. 그러나 정부의 오모토교 탄압의 목적은 판결확정 이전 단계에서 벌어진 전대미문의 파괴 행위로 완벽하게 달성되었다.

국정신화(國定神話)

고사기(古事記)[1]와 일본서기(日本書紀)[2]의 해석에 따라서는 오모토교의 교의와 같은 설도 성립할 수 있다. 고사기와 일본서기의 본문은 둘 다 아마테라스오미카미가 천상, 쓰쿠요미노미코토(月讀命)가 밤의 세계를 지배하는 점에서는 일치하고 있지만 스사노의 지배에 대해서는 고사기가 바다의 세계라 하고, 일본서기의 본문은 원래 지배하는 곳도 말하지 않고 갑자기 네노쿠니(根國)에 추방되는 이야기로 뛰어 넘어가며, "이 일서(一書)는 고사기에 가장 가까운 내용이다"(岩波『日本 古典文學大系 : 日本書紀, 上』頭注)라는 일본서기의 제6의 일서(一書)에서는 아마테라스오미카미는 다카마가하라(高天原), 쓰쿠요미노미코토는 바다, 스사노는 천하로 되어 있다. 이 점에서는 후에 서술하는 것과 같이 대일본제국헌법이나 교육칙어가 그 성립의 유일한 근거로 삼고 있는 '천양무궁(天壤無窮)의 신칙(神勅)' 보다도 신화 전승으로서의 정통성은 오히려 높다고 말해도 좋다.

---

1) 712년 오노 야스마로(太安万侶)가 쓴 일본에서 가장 오래된 역사서. 일본의 건국 신화를 비롯하여 스이코 천황(推古天皇)의 재위 기간인 628년까지를 기록한 것. 천황 중심의 율령 국가로서 강력한 중앙 집권 국가를 건설하려는 의도로 쓰인 책으로 일본서기와 더불어 일본 고대사를 연구하는 데 가장 중요한 역사서.

2) 720년에 편찬된 것으로 초대 천황인 진무 천황(神武天皇)에서 지토 천황(持統天皇)의 재위 기간인 720년까지의 역사서. 이 역시 천황 중심의 강력한 중앙 집권 국가를 건설하려는 의도로 쓰였다.

본질적인 것을 말한다면 개인이 종교적 신조로서 신화 전승 안에서 어느 설을 믿고 교의를 주창할 것인가는 완전히 개인의 신앙의 자유에 속하는 문제로 국가가 개입할 문제가 아니다. 오모토교의 교의를 국가가 치안유지법과 불경죄로 탄압했다는 것은 대일본제국의 국가기구 그 자체가 천황을 교주로 하는 하나의 종교 교단이 되어 오모토교와 같은 차원에서 교의의 정통성을 주장하면서 권력적인 이단 탄압을 자행했다는 것을 의미한다.

'히토노미치' 교단에 대한 탄압도 그 교의에 대한 탄압으로 본질은 오모토교에 대한 탄압과 동일했다. '히토노미치'는 이것도 역시 탄압자측의 요약에 의하면, 그 교의의 "충심의 제사 대상은 원령(元靈), 즉 대원령(大元靈) 하나뿐이라 하고, 이 대원령은 우주의 통일력 · 창조력 그 자체 또는 그것을 표징하는 태양 그 자체라고 생각하여 우리의 황조(皇祖) 아마테라스오미카미와는 닮았지만 전혀 다른 신격을 맹신하고 있다"라는 점이 불경죄의 이유가 되었다. 여기에서는 노골적으로 '황조 아마테라스오미카미'를 종교적 '신격'으로 정면에 내세워, 완전히 종교적 정통측이 이단을 탄압하는 것이라는 논리를 펼치고 있다.

어쨌든 국가신도의 교의에 대해 이단의 교의를 주창했다는 그 자체가 죄로 다스려졌고 더구나 그것이 천황과 국가에 대한 중죄로 간주되었다. '제정일치'의 이데올로기 지배 체제의 무서움을 단적으로 나타낸 사건이다.

새로운 사상검증 수단

기독교계 학교 학생들의 야스쿠니신사 집단참배 거부사건을 계기로 군부는 기독교를 노골적으로 적대시하였다. 본래는 군이 관여할 맥락도 아닌 종교에 대한 직접 개입이 행해지게 되었다. 그 현저한 예가 1938년 11월 오사카 헌병대 특고 과장이 오사카에 있는 주요 기독교회에 다음과 같은 13항목의 질문을 행한 사건이었다. 질문의 내용은 명백한 사상검증이었다.

1. 기독교의 신이란
2. 우리 나라의 팔백만 신들에 대한 견해
3. 외국 황제(예를 들면 영국) 등과 신과의 관계
4. 우리 천황과 기독교와의 관계
5. 칙어와 성서와의 관계
6. 교육칙어에 의한 교육방침과 기독교주의에 의한 교육과의 차이
7. 조상숭배에 대한 관념
8. 황조(皇祖) 황종(皇宗)의 신령에 대한 관념
9. 신앙 절대의 경지란
10. 신앙의 자유에 대한 관념
11. 기독교는 일본신도나 불교를 우상숭배의 미신이라 하는 이유
12. 기독교와 일본정신과의 관계
13. 기타 참고사항

국가신도가 종교에 속하는가 어떤가라는 질문에 대해 국가신도

의 주창자이고 권력을 휘두르는 유지자측인 국가 자신이 회답할 수 없었음에도 불구하고, 그 국가신도의 성격 규정 없이는 대답할 수 없는 질문을 역으로 기독교측에 권력측이 추궁한다는 것은 말도 안 되는 협박일 뿐이었다. 권력자는 질문을 회피할 수도 있고 동시에 대답을 강요할 수도 있는 입장이었다.

당시 이 질문에 대해 비판적 의견을 발표한 중의원 의원 다가와 다이키치로(田川大吉郎 : 72세, 도쿄에서 선출, 일본기독교단연맹 임원)는 1940년 2월 15일과 6월 19일에 간사이(關西) 경제에서 행한 강연을 이유로 오사카 헌병대에 체포되어 육군형법 제99조 위반(군에 대한 유언비어) 혐의로 송치되었다. 이 체포가 조치대학 등의 야스쿠니신사 참배 거부사건으로부터 오사카 헌병대의 질문사건에 이르기까지의 다가와의 언동에 대한 보복이었다는 것은 군사경찰인 헌병에 대한 대항 의식이 강했던 내무성 특고과의 다음과 같은 관찰에서도 명백하다.

즉 다가와가 "앞의 조치대학에서의 배속장교 철수 문제, 도시샤대학(同志社大學)에서의 국신봉제(國神奉齊) 문제, 니시오(西尾)조합교회 회장 등의 실언 문제 및 기독교의 신관과 국체 관념 등에 관한 오사카 헌병대의 질문, 문제 등에 직면하여 이것을 우리 나라에서의 기독교 박해라고 비난(그중에서도 특히 오사카 헌병대의 질문 문제에 대해서는 헌병대의 직분 운운하면서 그러한 질문은 문부성 당국에 해야만 하는 것이라고 비판했다)했다" 고 기록하고 있어, 다가와 체포의 직접적인 동기를 오사카 헌병대, 즉 군부에 의한 보복으로 보았다.

'일본적 발전'

내무성 특고경찰의 다가와 언동에 대한 관심은 군부와는 조금 달랐다. "항상 신사에서의 종교 행위 금지와 신사참배 및 국신봉제(國神奉齊) 강요 불가를 주장하며 또한 우리 나라의 제정일치에도 반대하며 오직 서양식 정교분리주의를 자연의 법칙이라고 주장하고(그렇기 때문에 교회가 국가로부터 원조를 받는 것도 불가하다), 망령되게도 이러한 종교사상으로부터 우리 신기(神祇)제도와 기타를 생각하거나 규율함으로써, 기독교 자체의 일본적 발전을 꾀하려고 하는 태도로밖에 보이지 않는 상황이고, 나아가 또 근자에 우리 나라 조야에서 자주 강조되는 국체명징 문제에 대해서도 다가와는 이것을 일종의 정치 문제 또는 교육 문제라고 관찰 · 독단하여 이것이 종교 문제로 발전하는 것을 극력 경계하는 모양"이라고 판단한 것이 특고경찰의 견해였다.

국가신도의 관리자인 내무성측은 신사의 종교 행위를 당연시하며 제정일치를 일본의 이상적 모습이라고 생각하고 정교분리를 '서양식' 사상이라고 규정하면서 이러한 입장에서 기독교 탄압에 임할 방침을 분명히 하고 있다. 그중에서도 소위 국체명징 문제를 단순한 정치 문제 또는 교육 문제라고 생각하는 입장(이러한 입장에서 국가신도의 본질 문제를 회피한 것이 조치대학 등의 야스쿠니신사 단체참배 거부사건을 둘러싼 문부차관—내무성 신사국—의 '학생 · 생도 · 아동의 신사 참배 건'이었다)을 '독단'으로 규정하고, 국체 문제가 실은 종교 문제인 점을 자백하고 있는 점은 중대하다. 여기에서 '극비' 취급했던 특고경찰 자료는 국체, 즉 천황의 통치권이 국가신도와 불가분이라는 국가종교의 이데올로기 위에 성립하는 것을 부끄럽지도 않은 듯 고백하였다.

행정권의 중추에 위치하는 내무성 방침은 기독교라 하더라도 국가신도 체계 안에 들어와 '일본적 발전'을 전개하는 것이 아니면 용인하지 않겠다는 방침이었다. 내무성은 이 방침을 실행에 옮길 기회를 찾으려고 기독교의 반군적 동향에 대한 헌병대의 기독교 탄압의 강화를 지켜보고 있었던 것이다.

1940년 7월 31일 도쿄헌병대는 구세군 사령관 우에무라(植村益藏)를 비롯한 구세군 간부를 일제히 검거하였다. 용의는 스파이 행위, 반전적 · 반군적 내지 유언비어의 언동이 있었다는 것이었다. 같은 해 1월에 영국 군함이 일본 영해 근방에서 미국을 향하는 일본 우편선 아사마마루(淺間丸)를 검문하여 군적(軍籍)이 있는 독일인 여객을 납치한 사건이 일어나, 일본 국내의 반영 감정이 비등했다. 영국계 기독교단인 구세군에 대한 감정도 악화되었다. 이런 기회를 틈탄 일제 검거였는데 용의에 관한 증거는 전혀 발견할 수가 없었다. 근거 없는 추측 수사로 검거된 구세군 간부는 곧 석방되었다.

내무성측은 이 검거를 "이번 조치는 오직 행정적 조치로서 장래 일어날 수 있는 이러한 반국가적 행동을 견제 엄금하고, 때에 따라서는 오히려 구세군이 국가국책에 순응해서 여러 가지 대륙 공작에 공헌할 수 있도록 혁신시키자고 했던 모양"이라고 해석했다. 확실한 범죄 용의도 없이 중국 침략에 협력을 맹세하도록 하기 위해 군이 검거했다는 사실을 내무성측은 종교탄압을 목적으로 한 권력

남용이라는 비난을 두려워하기보다도 "장래의 기독교계에 대한 단속의 기본 방침을 나타낸 것으로 대단한 충격을 줄 수 있는 것"이라고 평가했다.

종교단체법

내무성측은 군부의 강경한 움직임에 즉시 동조할 생각은 없고 당분간은 사태의 추이를 관망한다는 방침을 취했다. 그 이유는 종교단체법 시행에 따른 정부의 '장래 기독교 단속의 기본 방침'을 군부가 먼저 실행에 옮긴 것과 같은 효과를 올렸기 때문이다.

종교단체법은 같은 해 4월 1일 시행되었다. "종교단체란 신도 각파, 불교 및 기독교 그 외의 교단(이하 단순히 교파, 종파, 교단으로 칭한다), 그리고 사원 및 교회를 말한다"고 정의된 것과 같이, 신사제사 및 신사, 즉 국가신도를 제외한 모든 종교가 그 대상으로 포함되었다. 종교단체법의 내용은 특히 다음 조문에 보이는 바와 같이 엄격한 종교 통제적인 성격이 있었다.

> 제16조 : 종교단체 또는 교사가 행하는 종교교의의 선포 또는 의식의 집행 또는 종교상의 행사가 안녕 질서를 방해 또는 신민의 의무에 반할 때는 주무대신은 이것을 제한 또는 금지하고 교사의 업무를 정지 또는 종교단체의 설립인가를 취소할 수 있다.
>
> 제17조 : 종교단체 또는 그 기관에 종사하는 자가 법령 또는 교칙,

종제(宗制), 교단규칙, 사원규칙 또는 교회규칙을 위반하거나 기타 공익에 해가 되는 행위를 했을 때는 주무대신은 이것을 취소, 정지 또는 금지하거나 또는 기관에 종사하는 자를 다시 임명할 것을 명할 수 있다.

제18조 : 주무대신은 종교단체에 대해 감독상 필요한 경우에는 보고를 명하거나 또는 실황을 조사할 수 있다.

제19조 : 주무대신은 명령이 정한 바에 의거하여 본 법에 규정된 권한의 일부를 지방장관에게 위임할 수 있다.

관제상 제19조가 의미하는 바는 매우 컸다. 종교단체법상의 주무대신은 문부대신이지만, 권한을 위임받은 지방장관은 경찰권을 한손에 장악하고 있는 내무관료였다. 따라서 사실상 종교단체는 경찰의 감독하에 놓이게 되었다.

군이 구세군에 대해 부당한 탄압적 위압을 가한 덕에 내무성·문부성은 노력하지 않고 이 법의 위력을 종교계에 알릴 수 있었다. 특히 일본 기독교계 전체에 대해서 커다란 효과를 발휘했다. 같은 해 10월 특고 자료는 이 효과에 대한 자세한 보고를 싣고 있다. 중요한 곳을 요약하여 소개한다.

우리 나라 기독교계의 일부 '유식자' 들 사이에서는 시국 및 외부 정세를 고려하여 이전부터 그 대책으로서 소위 기독교의 '일본화' 및 교회합동 등을 기도하고 있었는데, 각 교파, 교회의 다양한 신조, 전통, 재정 그 외 여러 사정 때문에 진척되지 않고, 실적도 올리지 못하는 실정이었다. 그런데 올해 7월 하순에 갑자기 단행된 구세군 사건에 대한 검거로 일반 국민의 기독교에 대한 감정이 날로 악화되기에 이르고, 또 올해 4월 1일부터 실시된 종교단체법의 적용(교단 인가 등)에 관해 문부 당국의 방침이 의외로 엄격하다는 것을 알았기 때문에 기독교계는 이에 즉각 대처하기 위해 재빠르게 교계의 자숙 및 교회합동을 시도했는데 그 주된 상황은 다음과 같다.

기독교 신도 대회선언

로마 가톨릭교회는 교리, 기도서의 개정을 결정했다. 그리스정교회는 세르기에 주교를 은퇴시키고 '정교회의 일본화'를 꾀했다. 개신교 각파 40여 교단은 교단의 실세로서 교회 50개, 교단원 5,000명이 못 되면 교단으로서 인가하지 않는다는 문부성의 방침 표명에 따라 급히 교회합동으로 움직이기 시작했다. 실세를 가진 대교단은 교회합동이 필연적으로 교의, 신조의 수정을 요구하기 때문에 합동에 소극적이고 단독 교단으로서 인가를 신청하였으나, 문부 당국은 이들 교단에게 인가를 주지 않고 강제적으로 교회합동을 추진하는 방침을 실행했다.

1940년 9월 2일 '기독교 각파 연합회의의 합의'가 성립되었다. '합의'는 "우리들 기독교인은 오는 10월 17일 황기(皇紀) 2,600년 봉축 전국기독교인 대회를 계기로 각파 합동 결의를 성명하고 즉각 합동에 관한 전권을 위임하는 준비위원회를 설치한다"는 내용이었다. 10월 17일의 '황기(皇紀) 2,600년 봉축 전국기독교인 대회선언'은 일본 기독교(개신교 각파)가 비록 정부의 강경한 권력적 통제에 의한 것이지만, 국가신도에 굴복한 것을 선언한 것이었다(일본기독교단 결성에 34교단 참가, 일본 성공회는 불참을 성명).

> 진무(神武) 천황이 나라를 여신 예로부터 2,600년, 황통 면면히 이어지며 우주에 그 빛을 발하는 이 영광스러운 역사를 생각할 때 우리들은 감격해 마지않는다. 오늘 전국에 있는 기독교 신도는 서로 만나 경건하게 천황의 만세를 기원한다. 생각해 보면 현재의 세계 정세는 극히 파란만장한 것으로 조금도 방심해서는 안 된다.
>
> 서쪽으로는 구미의 전쟁이 있고 동쪽으로는 중일전쟁(支那事變)이 아직 그 종결을 보지 못하고 있다. 이 와중에 우리 나라는 그 진로가 잘못됨 없이 국운과 국력의 전진을 보이고 있다. 이것은 참으로 하늘이 도우신 것으로 일군만민 존엄무비한 우리 국체(곧 천황)에 근거한 것이라고 믿어 의심치 않는다. 지금 이 세계 정세 변화에서 국가는 체제를 새로이 하고 대동아질서 건설에 온 힘을 다하고 있다. 우리 기독교인들도 역시 이에 부응하여 교회 교파의 차이를 버리고 합동 일치하여 국민정신 지도의 대업에 참가하여 자발적으로 다이세이(大政)에 익찬(翼贊)하여 진충보국의 성의를 다하자.

이 선언의 내용이 기독교 본래의 교의로부터 얼마나 이탈된 것인가는 성서를 읽어 본 적이 없는 사람도 확실히 알 수 있을 것이다. 그러나 기독교인이라 하더라도 대일본제국의 신민인 한 국가신도의 교의인 건국신화(그것도 메이지 시대에 들어와서 조작된 것이지만)에 대한 신앙고백을 하지 않는 사람에게는 법적으로는 물론 사회적으로도 일본의 국가 내지 사회의 일원으로서의 생존은 보장되지 않았다. "진무 천황이 나라를 여신 때", "일군만민 존엄무비인 우리 국체"라는 생각은 역사적 사실이 아니라 종교적 이데올로기이다. 개인의 양심 · 신조의 자유에 대해 국가가 무자비하게 개입한 역사를 우리들은 겨우 40여 년 전에 경험했다.

치안유지법 개악

사상탄압 법규로서 악명 높은 치안유지법이 개정되어 '국체의 변혁', '사유재산제도의 부인' 죄 이외에 새롭게 "국체의 부정, 신궁 또는 황실 존엄의 모독" 죄가 더해져 공포된 것은 1941년 3월 10일이었다.

다음해 1942년 1월 홋카이도 하코다테(函館)의 성교회 소속 어느 목사보가 구치소에서 자살한 사건이 일어났다. 기독교 목회자가 자살한다는 것은 생각할 수 없는 일이기 때문에 살해당한 것이라는 소문도 퍼졌다. 체포 이유는 이웃에서 돌아가면서 행하던 호국신사 참배를 거부했다는 것이었다. 성교회는 대합동에 참가한 교단 중 하나로 옛 성결교가 셋으로 분리되었는데 그중 한 교파였다. 신도 약 1만 5천 명, 옛 성결교의 세이카(淨化)교회 장로파의 신도 약 7천 명, 동양선교회 세이카교회(정통파) 신도 약 600명으로, 모두 다 재림설을 신봉하고 예수 그리스도를 지상 유일의 왕으로서 대망(待望)하는 신조를 지키고 있었다. 이들 옛 성결교계 각 교단에 대하여 치안유지법을 적용한 일제 탄압이 6월에 행해졌다.

개정치안유지법을 적용한 종교탄압으로서 대규모 사건은 1943

년 8월에 일어난 기독교와는 무관한 불교계 신흥 종교에 속하는 창가교육학회(현재의 創價學會)에 대한 탄압이었다. '천황의 신격' 부정과 '신궁 모독' 이 탄압의 주요 이유였다.

창도자인 마키구치(牧口常三郎, 1944년 옥사)는 취조에 대해 당당하게 그 신앙에 근거한 신념을 토로하였다.

> 국가가 주민조직 그 외 여러 기관 내지 기회를 통해 전국민에게 봉제(奉齊)하라고 권고하는 이세신궁의 대묘(大廟)에서 나오는 천조황태신(天照皇太神=大麻)을 비롯하여 메이지신궁, 야스쿠니신사, 가토리시마(香取島)신궁 등 기타 각지의 신궁 · 신사의 참배를 금하고, 부적이나 그것을 모시는 신주 및 일련정종(日蓮正宗)의 본존(本尊) 이외의 신을 모신 불단, 개인집에서 모신 예를 들면 고진사마(荒神樣)라든가 이나리사마(稻荷樣), 후도사마(不動樣) 등을 모두 끄집어내어 불태워 없앴습니다. (중략) 물론 이들 신궁 · 신사 · 불사 등에 기원하기 위해 참배하는 것도 사술이기 때문에 참배하지 않도록 하였습니다. 사술을 행한 죄는 중하니까 어기지 않도록 지도하고 있습니다.

교단의 책임자로서 자기 신앙과 국가신도의 대결을 회피하지 않고 죽음을 각오하고 양심 · 신조의 자유를 지킨 예의 하나이다.

여호와의 증인을 비롯한 기독교 관계의 소교단이나 무교회파 기독교 신자 중에서도 같은 예를 몇 찾아볼 수 있다.

사상의 감옥

국가신도 이데올로기의 권력적 강제는 언뜻 보면 종교적 차원의 문제로만 생각하기 쉽지만, 사실 종교적 차원의 문제는 일부에 불과하다. 국가신도는 무엇보다도 먼저 정치종교였다. 따라서 종교적 차원의 문제와 정치적 차원의 문제가 불가분의 관계에 있었다. '국체'를 정면으로 내건 치안유지법에 이것이 가장 잘 나타난다.

치안유지법 위반사건은 아니지만, '교육칙어'에 예배하지 않았다고 하여 제일고등중학교(第一高等中學校)를 퇴직당한 우치무라(內村鑑三) 사건(1881년), '신도는 제천(祭天)의 예로부터 내려온 풍습이다'라고 써서 제국대학 교수직을 박탈당한 구메(久米邦武) 사건(1882년) 이래, 미노베(美濃部達吉)의 천황기관설 사건(天皇機關說事件, 1935년), 쓰다(津田左右吉)의 일련의 고대사 연구에 대한 저서 발금 · 출판법 위반사건(1940년)에 이르기까지의 일련의 사건은 모두 국가신도 이데올로기에 대한 이단 사상 · 학설을 탄압하는 정치적 사건이었다.

정치종교로서의 국가신도, 곧 천황제 이데올로기에 대립하는 이단 탄압 중에서 최대의 탄압은 치안유지법이 그 근절을 본래의 목적으로 한 일련의 공산주의 사상 탄압 사건들이었다. 공산당은 신의 존재 그 자체를 인정하지 않고, 더구나 최대의 정치적 목적으로 천황제 폐지를 내걸고, 침략전쟁에 반대한 정당이었다. 천황제와 천황제를 유지시키는 종교적 이데올로기인 국가신도에게 공산주의는 가장 기피해야만 하는 이단 사상이었다. 공산주의자, 즉 '아카(=빨갱이)' 는 천황제 국가의 공적(公敵)으로 여겨졌다.

치안유지법에 의한 탄압은 나아가 '아카' 의 은신처로 보였던 사회민주주의로부터 마침내는 '아카' 의 온상으로 규정된 자유주의에까지 확산되었다. 더욱이 오모토교 · 창가교육학회 등의 종교사상에 이르기까지 근대 천황제 이데올로기, 즉 정치종교로서의 국가신도에 반하는 모든 사상으로 탄압이 파급되었다.

정치와 종교가 국가권력 아래에서 일체화되었을 때의 무서움을 전쟁 전 치안유지법의 역사가 잘 가르쳐 주고 있다. 치안유지법 위반으로 검거된 자는 그 전원이 정치종교로서의 국가신도, 근대 천황제 이데올로기의 이단자로서, 말하자면 국가의 제단에 공물로 바쳐진 희생양이었다고 말해도 좋다. 그 국가신도의 중핵적 존재 중 하나인 야스쿠니신사는 단순히 전장에서 흘린 피만이 아니라 전쟁에 반대했던 희생자가 감옥에서 흘린 피 위에 세워졌다는 이중의 의미에서 피로 물든 천황의 제단이었다.

제2장 천자 · 대원수 · 천황

1. 근대 천황제의 성립 과정

근대 일본의 국가 형태

제2차 세계대전의 패전까지 지속되었던 대일본제국을 만들어 낸 것은 메이지유신이었다. 메이지유신은 그때까지 봉건적인 할거 체제였던 일본을 근대적인 통일국가로 변화시켜 자본주의 국가로서 발전하는 출발점이 되었다는 점에서 일본 역사상 일대 정치적 · 사회적 변혁이었다. 패전까지 이 대일본제국을 통치해 왔던 통치기구의 모든 조직 형태를 총칭하는 말을 근대 천황제라 부르는 것이다.

일본 근대사를 보면 알 수 있는 바와 같이 메이지유신 이래 일본은 자본주의 국가의 길을 걸어왔다. 근대 일본은 국가 유형에서 자본주의 국가이다. 자본주의라는 국가 유형은 전후는 물론 오늘날까지 변하지 않았다. 그러나 일본 통치기구의 모든 조직 형태를 의미하는 것으로서의 국가 형태는 패전 전과 패전 후 완전히 달라졌다. 첫째로 패전 전에는 국가의 통치권이 천황에게 있다고 되어 있었다. 현재의 일본 헌법에서는 국가의 주권은 국민에게 있다. 통치권이 천황에게 있다는 것은 천황이 주권자임을 의미한다고 생각하면 된다.

패전까지 일본의 국가 형태인 근대 천황제는 극히 특수한 국가 형태이다. 근대 천황제의 가장 특수한 점은 정치적으로는 주권자이고 군사적으로는 최고 사령관이었던 천황이 동시에 종교적으로도 절대 권위자였다는 것이다. 어떻게 해서 이러한 국가 형태가 근대 일본 고유의 특수한 국가 형태로서 성립된 것일까.

먼저 근대 천황제 성립의 역사적 단계를 크게 나눠 보면 다음과 같다. 근대 천황제는 메이지유신과 함께 탄생하고 대일본제국 헌법에 의해 그 구조가 결정되어, 청일전쟁 후에 대일본제국 헌법 체제로서 정착되었고, 러일전쟁 후에 군사적 · 이데올로기적 지배라는 두 가지 측면에서 확립되었다. 세계사적으로는 제국주의 단계의 국가 형태이다.

근대 천황제 국가는 메이지유신 이후 국가 그 자체가 육성해 온 자본주의 발전에 조응한 기능을 수행하기 위해 그 성격을 수정해 왔지만, 기본적으로는 국가 형태를 변경하는 일은 없었다. 오히려 종래의 봉건국가의 특성을 자본주의 국가의 새로운 발전 단계에 걸맞은 기능을 발휘하도록 충분히 활용해 왔다는 점에 국가 형태로서 근대 천황제의 커다란 특징이 있다.

천황의 종교적 권위

이상과 같은 근대 천황제에 관한 역사적 이해를 전제로, 지금 여기에서 문제가 되는 것은 메이지유신에서 왜 근대 천황제가 만들어졌는가 하는 문제이다. 메이지유신이 만들어 낸 근대 천황제에는 마치 유럽의 봉건 시대 말기에 출현한 절대왕정과 유사한 절대군주제적 특징이 있었다. 세계사적인 일반론으로 말하면 절대군주에 의한 봉건국가의 통일사업은 대체로 최대 최강의 봉건영주가 다른 봉건영주를 타도하는 것으로 달성된다. 일본의 경우 메이지유신의 변혁에 의한 새로운 통일국가 수립을 위한 권력의 중심이, 예를 들어 도쿠가와(德川) 장군가가 아니라 왜 천황이 아니면 안 되었는가, 또는 천황일 수 있었을까? 하는 의문이 남는다.

700만 석의 도쿠가와 장군가와 비교하면 천황은 겨우 10만 석의 소영주 정도에 불과했다. 더구나 도쿠가와 장군가 자신이 절대군주의 지위에 오르는 것을 목표로 하고 있었음에도 불구하고 그에 대항해서 천황가가 어떻게 새로운 통일국가 권력의 중심 지위에 앉는 것이 가능했을까. 천황을 절대군주제적 특질을 가진 권력의 축으로 만든 것은 무엇이었을까.

천황가는 권력을 장악하는 데 필요한 고유의 물리적인 힘을 전혀 가지지 못했다. 도쿠가와 시대의 천황은 군사력은 물론 의례적이며 형식적인 서위(敍位) · 서임권 등을 제외하면 정치적 권한도 일절 가지지 못했다. 대부분의 민중들은 장군이나 다이묘(大名 : 영주)의 존재에 대해서는 알고 있어도 천황의 존재에 대해서는 몰랐다. 천황은 새로운 통일국가의 권력자가 되기 위해 필요한 경제적 · 군사적 · 정치적 · 사회적 기반 그 어느것도 가지지 못했다.

일본을 둘러싼 국내외 정세는 절박하여 국가 통일은 긴급과제였다. 당시 일본에서 최대의 정치적 · 군사적 권력자였던 도쿠가와 장군가를 단독으로 타도하여 국가의 통일자가 될 수 있는 힘을 가진 영주는 없었다. 막번(幕藩) 체제를 폐지하고 새로운 통일국가를 건설하는 사업은 도쿠가와 막부 자신이 무력을 행사하여 여러 영주들을 폐지할 것인가, 아니면 유력한 여러 영주들이 연합하여 막부를 타도할 것인가, 이 둘 중 하나의 길밖에 없었다. 이 대항 관계가 성립되기 위한 유력한 여러 영주들의 연합에는 연합의 상징이 필요했다. 그 상징으로 적합한 것이 바로 천황이었다. 이것은 막부 말기의 소위 근왕(勤王) 지사들이 천황을 '구슬(玉)' 이라고 부르던 데서도 알 수 있다.

천황은 어떻게 '구슬', 즉 막부 타도를 주장하는 여러 영주들의 연합의 상징이 될 수 있었던 것일까. 최대 권력자였던 막부가 가지지 못했던 종교적 · 이데올로기적 권위를 가지고 있었기 때문이었다. 특히 천황은 막부의 정치적 지배를 지탱해 왔던 유교 이데올로기상의 명분론에서 논리적으로 우월한 위치를 가지고 있었을 뿐 아니라, 막부가 민중지배의 사상적 수단으로 이용해 왔던 불교에 대항할 수 있는 종교적 지위를 가지고 있었다. 유교적 명분론은 막번 체제의 지배신분이었던 무사계급에 대해서 유효한 이데올로기적 수단이었고 동시에 불교에 대항할 수 있는 종교적 지위는 민중에 대해서 유효했던 것이다.

아마테라스오미카미(天照大神)의 자손

메이지 정부가 성립했을 때 새 정부는 그 정치적 지배를 효율적으로 할 수 있는 독자적인 물리적 수단을 가지지 못했다. 특히 군사력은 전무에 가까웠다. 막부와 그를 지지하는 여러 영주들을 패배시킨 군사력은 새 정부의 군사력이 아니고 막부 타도에 연대한 영주들의 연합 군사력이었다. 막부를 타도한 후 새 정부는 권력 확보를 위한 긴급한 두 개의 과제에 직면했다. 하나는 직속 군사력을 가지는 것이고 다른 하나는 민중을 새 정부측에 끌어들이는 것이었다.

민심이 막부로부터 이반한 최대의 이유, 즉 민중이 새 정부에 기대한 가장 큰 것은 너무나 무거운 세금(年貢)을 경감시키는 문제였다. 이것은 새 정부도 잘 인식하고 있었다. 그러나 유신을 위해 내란이 일어나 그 전비를 염출하기 위해서는 지난날의 막부 영지를 접수하여 거기에서 세금을 받아내는 방법 이외에는 달리 길이 없었고, 그때까지 당분간은 교토나 오사카의 부호로부터의 원조를 받을 수밖에 없었던 새 정부는 세금 경감을 실행할 수 없었다. '일신(一新)' 이라고 민중이 호소했던 변혁에 대한 기대는 실현되지 않았다. 민중의 기대를 새 정부에게 끌어들이기 위해서 천황의 종교적 권위가 이용되었다. 그렇다고 하더라도 민중 대부분은 천황의 존재조차도 알지 못했기 때문에 민중에게 권위를 갖는 신앙의 대상과 천황의 종교적 지위를 연결시키는 설명부터 시작하지 않으면 안 되었다.

천자님은 아마테라스코오다이진구(天照皇太神宮)님의 자손으로 이 세상이 시작될 때부터 일본의 주인으로서 신들 중에서도 가장 높은 분이시다. 나라 안에 있는 모든 것은 다 천자님에게 허락받은 것으로 참으로 각 지방의 토착신들보다 존엄하신 분이시다. 아무리 작은 토지도 단 한 사람의 백성이라도 모두 이 천자님의 것으로 그분은 일본국의 부모이시다. 이분께 대항하는 자는 설령 그가 영주라 하더라도 목을 베어도 아무런 할 말이 없을 것인데 이분은 참으로 관대하신 분으로 이런 어리석은 자에 대해서도 아직 자신의 교화가 미치지 못하여 그렇다고 오히려 스스로 반성하시고 아이쓰(會津)의 반란군과 같은 역적놈들에 대해서도 목숨을 건져 주셨을 뿐만 아니라 그에 가담한 영주들도 그들이 소유한 영토를 축소시키고 토지를 바꿔 살게 하는 가벼운 처벌에 그쳐 그 가계와 봉토를 멸절시키지 않은 것은 얼마나 자비하신 처사인가. 그런데도 백성들이 아무 분별없이 이런 저런 소동을 일으킨다면 이는 도저히 그냥 묵과할 수 없을 뿐 아니라 결국은 자신들의 영주에게 큰 폐를 끼치게 될 것이니 이 도리를 잘 깨닫고 백성들은 절대로 소동을 일으켜서는 안 될 것이다.

이 기묘한 문장은 새 정부의 오쿠와(奧羽) 총독이 동북지방의 민중들에게 내린 '오쿠와 인민에게 알리는 글(奧羽人民告論)' 이다. 이런 종류의 알리는 글은 각지에 내려졌다. 규슈(九州)에서 내려진 알리는 글 등은 대단히 긴 장문으로 그 내용도 참으로 기묘했다. 이 알리는 글에 새 정부의 민중에 대한 설득 논리가 잘 나타나 있다. 먼저 '천황' 이 아니라 '천자님' 이라는 단어를 사용하는 것을 주목할 수 있다. 그 다음에도 중요한 문서에서 '천황' 과 '천자' 를 나누어서 사용하는데, '천자' 라는 말은 아마테라스오미카미(天照大神)의 자손, 즉 종교적 권위를 표현하는 단어로서 사용되고 있다.

농민의 이세(伊勢)신앙

당시 민중의 대부분은 '천자' 의 존재는 몰랐으나, 이세(伊勢)에 있는 황대신궁에 대해서는 강한 신앙을 가지고 있었다. 민중의 황대신궁에 대한 신앙은 '천자' 의 선조, 즉 황조인 아마테라스오미카미(天照大神)를 모신 신궁에 대한 신앙이 아니라 농업신으로서의 신궁에 대한 신앙이었다.

농업신으로서 신궁에 대한 민중의 신앙을 조직한 것은 주로 중세 이후 황실의 정치 · 경제력이 쇠퇴하여 재정적으로 신궁을 유지해 갈 힘을 잃어버린 데 대처하기 위해서 새로운 경제적 기반을 민중에게 구하면서 전국적으로 활동을 시작했던 신궁의 기도사(御師)들이었다. 지방에 있던 신궁 기도사들의 숙박소가 그 지방의 신궁 말사적(神宮末社的) 존재인 신명사(神明社)가 된 예도 적지 않다. 거꾸로 지방에서 온 신궁 참배자들의 숙박소로서 이세의 기도사들의 숙박소가 이용되었다. 농업신 신앙으로서의 이세신앙은 도쿠가와 통치의 전 시대를 통해 활발하였고, 주기적 집단참배인 '오카게마이리(お蔭参り)' 나 성인의 통과 의례로서의 '누케마이리(ぬけ参り)' 가 유행하였다.

각지 농민들의 이세참배는 실리적인 점도 있었다. 『일본농업발달사 1』에 "품종교류나 농업기술의 교류에 커다란 역할을 하고 있었다는 이세참배도 그 하층민적인 형태인 '누케마이리'의 형태라면 이미 1614년 8월에 시작되었다. 1735년에는 미토(水戶)번에 '이세모치'·'이세코보레'·'이세훗코쿠'·'이세카르고'(『御領內産物留』), 1737년에는 스오노쿠니(周防の國)에 '이세사부로(伊勢三郎)'·'이세모치'(『兩國本草』) 등의 품종명이 기재되기 시작하였고, 그 후 각지에 유사한 명칭을 붙인 것이 나타나기 시작했다. 1737년 이후에 사가(佐賀)현 마쓰우라(松浦)군의 기록에 실려 있는 '이세아키라(伊勢あきら)'는 그 땅의 주요 품종의 하나가 되어 막부 말기까지 계속되었다"라고 씌어 있다. 이세(伊勢)는 벼의 품종개량이 활발한 토지였다. 그중에서도 다케(多氣)군 고고타니(五五谷)마을에 사는 오카야마(岡山友淸)라는 사람은 자신이 선발한 '이세금(伊勢錦)'의 배포소를 1860년 마쓰자카(松阪)·쓰(津)·우치야마타(宇治山田 : 이세시)에 만들어 해설을 붙인 봉투에 종자를 집어넣어 참배객들에게 나누어 주어 전국적으로 퍼트렸다고 한다.

알리는 글이 '천자'는 민중의 신앙을 모았던 이세 대신(大神)의 자손이라는 설명에서부터 시작하는 것은, 먼저 천황이 최고의 종교적 권위라는 것을 민중에게 정면으로 내걸었다는 것을 의미한다. 이 최고 권위자라는 점을 더욱 보강하기 위해 정일위(正一位)의 신(이것 역시 민중에게는 가장 친근한 이나리다이묘진〈稻荷大明神〉)보다 '천자님'이 더 높다는 것을 비교해서 보여 준다. 당시 민중에게 절대적인 정치적 주권자라고 할 수 있는 다이묘(大名)의 영주에 대한 정치적 우월을 나타내며 민중이 소란을 피우면 영주에게 피해가 간다는 논리로 끝을 맺고 있다.

거기에는 또한 '천자'와 민중의 관계는 종교적으로는 황대신궁, 정치적으로는 영주로 당시 민중에게 절대적인 권위를 매개로 한 형태의 권위 과시에 머무르고 있다. 더 나아가 말하면 그것들을 매개로 하지 않고서는 '천자'의 존재를 민중들에게 인식시킬 수 없었던 것이 당시의 실정이었다.

천자에서 천황으로

여기에서 전개된 논리는 소박한 민중의 사고방식에는 일단 설득력이 있었다. 동시에 이 소박한 논리 속에 국가신도의 기본적인 논리가 함축되어 있었다. '천자'인 천황과 아마테라스오미카미(天照大神)를 직결하고 그것을 중핵으로 하여 다른 신들의 위치를 설정하여 말단의 민중들에게 미치게 한다는 사고방식인 것이다.

새 정부는 당초 천황에게 절대적인 종교적 권위를 주어 정면에 내세움으로써 그 정치적 권력을 지탱하려 했다. 그러나 종교적 권위는 매개 없이 정치적 권력으로 전화되지 않는다. 유신 당초의 제정일치 체제는 현실의 정치적 모순 앞에서 무력했다. 그 무력함은 오히려 새 정부에게 위험한 반작용을 나타내지 않을 수 없었다.

첫 번째 위험성은 "천자님이 사는 다카마가하라에는 목젖도 축여지지 않는가 봐"라는 농민반란의 빈정거리는 동요에서도 볼 수 있듯이 실태가 없는 종교적 권위는 도리어 권위 그 자체를 잃어버릴 위험성이 있다는 점이다.

둘째는 '천자'의 종교적 권위를 정치적 지배의 정면에 내세우는 것이 민중의 정치에 대한 비판이 직접 천황 비판이 되는 위험성이다. 이에 대해서도 당시 세간의 모습을 전하는 좋은 예가 있다. "백성들의 익살스러운 이야기에서도 요즘의 천자님은 천식을 앓고 계시다, 우리가 어떻게 그것을 아는가 하면 시도 때도 없이 세세세세 하고 말하며 세금 타령을 하기 때문이다라고 민중들이 욕을 합니다"(『開花問答』).

당초의 신도 국교화를 전제로 한 제정일치 노선을 의미하는 대교선포노선(大教宣布路線)은 좌절되었다. 그러나 천황이 국가의 통일적 지배자일 수 있는 것은 종교적 권위로서의 '천자'에 의해서이다. 단지 종교적 권위인 '천자'가 정치적 권력자로서 천황이기 위해서는 정치적 권력을 현실적으로 지탱해 주는 물리적인 힘이 필요했다. 정치적 권력을 지탱하는 물리적 힘이란 구체적으로는 군사력이었다.

메이지 새 정부는 그 정치적 권력을 지탱하는 고유의 정치적·사회적 기반이 거의 없었다. 오히려 이들 기반을 만들어 가기 위해 새 정부가 만들어졌다. 새 정부를 탄생시킨 것은 새 정부에 의해 해체되어야 할 일부 무사계급이었고, 새 정부를 지탱하고 있었던 것은 새 정부에 의해 폐지되어야 할 여러 영주의 군사력이었다. 새 정부의 존립이 천황에게만 의존하는 이상, 천황의 이름으로 존재하는 새 정부의 권력을 이데올로기적으로나 물리적으로 지탱하기 위한 조속한 정비가 필요했다. 전자가 종교적 권위로서의 이론적·제도적 체계화, 즉 천황제 이데올로기의 확립과 그 제도화였고 후자가 천황 직속 군사력의 창출이었다.

군인칙유(軍人勅諭)

정치적 권력자를 표현하는 의미인 천황은 종교적 권위로서의 '천자' 라는 것으로만 천황일 수 있다. 그러나 '천자' 가 천황이 되기 위해서는 권력을 지탱하는 물리적 수단의 독점적 소유자, 즉 군사력을 독점하지 않으면 안 되었다. 이렇게 천황의 군사적 측면을 나타내는 또 하나의 명칭인 대원수가 필요하게 된 것이다. 천자는 대원수가 되어야만 천황일 수 있다. 삼위일체인 천자와 대원수와 천황과의 관계에 대해 1882년에 내려진 '육해군인에게 내리는 칙유' 통칭 '군인칙유' 를 예로 들 수 있다.

'군인칙유' 의 서두는 "우리 나라의 군대는 대대로 천황이 통솔해 주신다" 로 시작한다. 이하 "그 옛날 진무(神武) 천황" 으로부터 시작되는 역사적 전설이 길게 서술된 다음 '메이지 15년' 에 이른다. 이 긴 전문(前文)의 결론 부분은 다음과 같다.

> 그리하여 이때 병제(兵制)를 고쳐 우리 나라의 위광을 온 누리에 떨치려고 이 15년에 육해군의 제도를 오늘날과 같이 제정하였다. 이것은 병마의 대권은 짐이 직접 통솔하고 그 각각의 직무를 신하에게 맡기나, 그 개요는 어디까지나 짐 스스로가 처리하고 신하에게 위임하지 않음을 뜻한다. 자자손손에 이르기까지 천자가 문무의 대권을 장악하는 이 뜻을 전하여 다시 또 중세 시대와 같이 천자가 군사 통솔권을 잃어버리는 일이 있어서는 안 되겠다. 그러므로 짐은 너희 군인들의 대원수이다. 그렇기 때문에 짐은 너희들을 짐의 사랑스러운

병사로서 신뢰하고 너희는 짐을 원수로서 받들 수 있어 이 친밀한 정은 말할 수 없이 깊은 것이다. 짐이 하늘의 은혜에 부응하고 조상의 보살핌에 보답할 수 있을 것인가 여부는 오직 너희 군인들이 스스로의 직무에 충성을 다하는가의 여부에 달려 있다.

이 단락은 천황의 군대친솔의 원칙을 말한 것으로 통수권 독립의 명문상 근거가 된 중요한 구절이다. 여기에서 또 하나 중요한 것은 천자인 것이 문무의 대권을 장악하는 유일한 근거라는 점이다. 더구나 천자이기 때문에 배타적으로 병마의 대권을 장악하는 대원수이고, 대원수이기 때문에 처음으로 천황으로서의 직책을 다할 수 있다는 논리다. 여기에 삼위일체인 천자와 대원수와 천황이라는 각각의 논리적 관계가 명확히 드러난다. 천황으로서의 정치적 지위는 한마디로 대원수의 충성스러운 부하인 군인이 그 직책을 다할 것인가 여부에 달려 있다는 것이다.

이 논리는 그 후 메이지헌법 체제하의 국가 형태를 관철하는 논리로 작용되어 왔다. 종교적 권위로서 천자는 통치권의 총람자로서의 천황이기 위한 최대이며 유일한 근거이다. 이것은 법외(法外)의 논리로 법을 초월하는 논리가 되었다. '군인칙유'는 법적 수속도 밟지 않았고 법으로서의 형식도 취하지 않았다. 그럼에도 불구하고 '군인칙유'에 따라 천황의 군대친솔 원칙이 확립되어 제국헌법에 규정된 천황 대권 중 국무대신의 보필책임의 유일한 예외로서 통수권 독립이 실현되었다.

교육칙어

'교육에 관한 칙어' 통칭 '교육칙어' 도 마찬가지라고 할 수 있다. '교육칙어' 가 '국체의 정화(精華)' 를 '교육의 연원' 이라고 규정했을 때, 교육은 제국의회를 비롯하여 국민의 손이 미치지 못하는 것이었다. 교육은 '황조 · 황종의 유훈' 에 근거해야만 하는 것으로 '천양무궁의 황운(皇運)을 부익(扶翼)' 을 목적으로 한다고 규정되었다. 그것은 천황의 통치 행위에 근거한 것이라기보다 천자로서의 권위에 기초한 것이었다. 이것을 증명하는 것은 제국헌법 기초의 중심인물이며 '교육칙어' 의 기초에도 깊이 관여한 이노우에(井上毅)의 "군주는 신민의 양심의 자유를 간섭하지 않는다" 는 주장이다. 이 취지는 이토(伊藤博文)의 이름으로 건의한 '교육의(教育議)' 에도 나타나지만, 이 문서의 기초자가 이노우에인 것은 주지의 사실이다. 제국헌법과 '교육칙어' 의 기초에 중심적인 역할을 한 이노우에까지도 통치권의 총람자인 천황의 입장에서는 '교육칙어' 의 정당성은 설명할 수 없었다.

'군인칙유' 와 '교육칙어' 는 대교선포(大教宣布)로 시작하는 제정일치를 향한 신도 국교화 시도가 좌절된 이후 나온 것이다. 이들 법령을 초월한 최고 규범적 문서는 '천자' 로서의 어떠한 권위에 의거하여 내려진 것일까. 이러한 권위의 근거인 이데올로기 및 체제가 국가신도라고 불리는 것이다.

미야타(宮田光雄)의 "정치종교와 종교비판" (『世界』 1983년 8월호)에 흥미로운 삽화가 소개되어 있다. 제2차 세계대전 중, 독일의 친나치 기자 리리 아베그가 일본의 교육에 대해 관찰한 결론 부분이다. 아베그는 "교육칙어의 내용인 교육원리를 보면 신앙문답을 연상케 하는 것이 있다" 라고 했다. 나아가 그녀는 "그들의 종교와 오래된 신앙을 역사로 가르쳐 역사와 신화가 완전히 동일시되었다. 특히 아이들은 기념일(國祭日) 당일 천황의 사진에 참배할 때나 때때로 급우들과 함께 신사를 참배하면서 이런 것을 체험하게 된다. 아이들에게는 이때 종교적 영감이 온다" 라고 썼다.

1890년 칙령 제215호 소학교령(小學校令)의 제15조는 소학교의 축일 대제일(大祭日)의 학교 의식에 관해서는 문부대신이 정한다는 취지를 규정하고 있었는데, 다음해 6월 문부성령 제4호로써 '소학교 축일 대제일 의식규정' 이 발표되었다. 규정의 제1조는 다음과 같다.

제1조 : 기원절(紀元節 : 초대 진무 천황의 즉위일로 천황이 통치하는 일본 국가의 시원으로서 기념되기에 이르렀다-역자주), 천장절(天長節 : 천황의 탄생일), 신상제(神嘗祭 : 천황이 햅쌀을 이세신궁에 바치는 제사로 그 의미는 신상제〈新嘗祭〉와 동일하다) 및 신상제(新嘗祭 : 매년의 수확을 신께 감사드리고 새 쌀을 신과 함께 먹음으로써 다음해의 수확을 확실하게 하는 농경 의례로, 천황은 매년 이를 행함으로써 신과 교류하고 그 영력〈靈力〉을 갱신하는 것으로 여겨졌다-역자주) 당일에는 학교장, 교원 및 생도 일동은 식장에 모여 다음과 같은 의식을 행해야 한다.

1. 학교장, 교원 및 생도

천황 폐하 및 황후 폐하의 고에이(御影 : 사진을 의미한다-역자주)에 대해 최고의 경례를 하고 또한 두 분 폐하의 만세를 봉축한다. 단 아직 고에이를 하사받지 못한 학교는 위의 의식을 생략한다.

2. 학교장 또는 교원, 교육에 관한 칙어를 봉독한다.

3. 학교장 또는 교원, 황공하옵신 교육에 관한 칙어에 근거하여 성스러운 뜻을 가르치거나 또는 역대 천황의 성덕과 위업을 논하거나 혹은 축일 대제일의 유래에 상응하는 연설을 행하여 충군애국의 지기를 함양하기 위해 힘쓸 것.

4. 학교장, 교원 및 생도, 이 축일 대제일에 상응하는 창가를 합창할 것.

고신에이(御眞影)와 기미가요(君が代)

위의 규정(1883년에 의식은 기원절, 천장절만으로 개정)에 있는 의식용 창가에 관해 문부성은 같은 해 10월의 훈령 제2호에서 이것을 점차 문부성이 선정 · 분포한다고 하여 그 이유에 대한 설명을 덧붙였다. 그 설명에 의하면, "창가가 사람의 마음을 감동시키는 힘이 크다는 것은 대부분의 사람이 아는 것" 이므로 따라서 "소학교에서 축일 대제일의 의식에 사용되는 창가는 주로 존왕애국의 지기를 진작시키기에 충분한 소위 국가와 같은 것이어야 한다는 데 이의가 없을 것이다" 라고 그 이유를 들고 있다.

1893년 8월 12일 문부성은 의식용 창가로서 '기미가요(君が代)', '칙어봉답(勅語奉答)', '일월일일(一月一日)', '기원절', '천장절' 등 8곡을 결정하였다. 1900년의 소학교령 개정으로 동 시행규칙에 따라 학교 의식을 행하는 날은 기원절, 천장절, 1월 1일로 개정되었다. 거기에 1929년에 새로이 메이지절(明治節)이 더해지고 의식용 창가 '메이지절' 이 만들어졌다. 1900년의 개정에서는 각 축일의 의식 처음에 '기미가요' 를 부르도록 하였고 '기미가요' 는 학교 의식용 창가의 맨 앞장에 수록되었다. 그러나 그 후 '기미가요' 의 위치 개정은 이루어지지 않아 '기미가요' 는 학교용 의식 창가 이상의 의미를 가지지는 않았다.

덧붙여 말하면 '고신에이(御眞影)' 라는 말은 언제 어디에서 사용되기 시작했을까. 궁내성(宮內省)의 공식용어는 일관되게 '고샤신(御寫眞)' 이다. 해군도 이를 따라 시종일관하여 '고샤신' 이라는 단어를 사용하였다. 앞의 '의식규정' 에서는 '고에이(御影)' 라는 말이 사용되었다. 여기에서도 법령상의 공식용어가 국민 앞에서는 위압감을 주는 단어로 바뀌어 압도적인 효과를 발휘하는 것을 알 수 있다.

학교 의식은 종교적 권위로서의 '천자' 에 대한 제사이고 '교육칙어' 는 학교를 교회로 한 천황교(天皇教)의 교전(教典)이었다. 다시 말하면 종교적 권위로서 '천자' 의 교전이 '교육칙어' 이고 군대 통솔자로서 '대원수' 의 통수권 발동이 '군인칙유' 이고 정치적 권력자로서 '천황' 의 통치권의 절대성을 선언한 것이 '대일본제국헌법' 이었다.

2. 국가신도(國家神道)의 성립

제국헌법과 천황

제국헌법에서 천황의 지위는 그 '천자' 로서의 권위에 유래한다. 이것은 헌법발포 '고문(告文)' 및 '헌법발포칙어' 를 포함한 제국헌법 전문을 검토해 보면 명백하다.

'고문' 은 "짐은 천지와 함께 영원하리라는 신칙에 따라 일본 고래의 신에 의해 시작된 천황가의 황통을 계승하여" 라는 전제 아래 "자비롭게 황실전범(皇室典範) 및 헌법을 제정한다. 생각해 보면 이것들 모두 황조 · 황종이 후예에게 남겨준 통치의 홍범(洪範)을 서술하는 것에 불과하다" 고 헌법을 자리매김하고 있다. '헌법발포칙어' 는 이것을 받아 "이 불후의 대전을 선포한다" 라고 한 후에 "국가통치의 대권은 짐이 이것을 종조에게 받아 자손에게 전하는 곳에 있다" 고 하여 과거에서 미래에 걸친 황통일계의 기초원칙을 선언하였다. 이것을 관철하는 논리의 결론으로서 제국헌법 제1조 "대일본제국은 만세일계의 천황이 통치한다" 라는 조문이 성립했다.

제국헌법에서 천황의 지위에 관한 규정 그 자체가 종교적 권위로서의 전통적인 '천자' 의 지위 계승자라고 하는 것에 그 유일한 근거를 두고 있다. 제국헌법에 표현되는 국가 형태는 천황을 천황답게 하는 종교적 권위와 불가분의 관계에서 성립했다.

이 점은 예를 들면, 자유민권운동이 만들어낸 가장 좋은 모의 헌법안인 우에키(植木枝盛)의 '일본국국헌안(日本國國憲案)' 과 비교할 때 일목요연하게 드러난다. 우에키의 국헌안은 입헌군주제였다. 그러나 그 제1조는 "일본국은 일본국 헌법에 따라 일본국을 세워 일본국을 유지한다" 라고 입헌국가 일본의 건국이 헌법제정에 의해 이루어진다는 것을 분명히 하고 있다. 이런 전제 위에서 "일본국 황제의 지위는 금상인 무쓰히토(睦仁) 폐하에게 속한다" "황제 즉위는 꼭 입법 의원이 열석(列席)한 앞에서 이루어진다" 고 규정했다. 우에키의 국헌안은 천황이 '천자' 라는 전통적인 권위에 근거했기 때문에, 천황이 아니라 헌법이 새롭게 황제의 지위에 있는 것을 인정하는 것으로 비로소 황제일 수 있다는 입장이었다. 우에키의 국헌안에서 헌법은 천황이 규정한 흠정헌법(欽定憲法 : 군주의 단독의사에 의한 헌법-역자주)이 아니라 국민의 의지에 의한 국약헌법(國約憲法)이라는 전제에서 씌었기 때문에 이 황제에 관한 규정은 국민의 의지에 의해 현재의 천황을 천황으로서 승인한다는 절차를 밟는 것을 의미했다. 그 의미에서는 실질적으로는 오히려 현재의 일본국 헌법과 같이 국민주권에 근거한 입헌군주제라고 말할 수 있을 것이다.

이와 대조적으로 제국헌법이 천황을 천황으로 만든 종교적 권위라는 것은 '고문(告文)' 이 명기하듯이 황위가 '고래 신도의 보조' (寶祚 : 일본 고래의 신에 의해 열어진 천황가의 황통 계승-역자주)라는 인식이다. 이것은 이토(伊藤博文)의 『헌법의해(憲法義解)』 제3조 "천황은 신성하여 감히 침범할 수 없다" 라는 해설로써 "천황은 천종유신지성(天縱惟神至聖 : 천황은 신의 자손으로 그 자체가 신성하다-역자주)하여"라고 한 데서도 분명하다. 이 '고래 신도'의 길이란, 즉 신도이고 사상으로서의 '고래 신도'의 길과 제도, 즉 제국헌법에 표현된 국가 형태로서의 근대 천황제가 불가분의 관계에 있는 것으로서 창출된 이데올로기 및 이데올로기 장치가 국가신도이다.

국가신도와 제국헌법

국가신도는 제국헌법 발포로 처음으로 성립된 것은 아니다. 제국헌법 발포에 의해 제국헌법 체제 안에 처음으로 정치(定置)된 것에 불과하다. 국가신도는 이미 제국헌법 발포 이전에 성립되었다. 또 국가신도는 헌법상의 명문(明文) 규정으로서 제국헌법 체제 중에 정치된 것은 아니다. 그것은 미노베(美濃部達吉)의 『헌법찰요(憲法撮要)』에 "헌법적 관습법은 현대의 성문법주의 시대에는 그 성립의 여지가 대단히 한정되어 있다고는 하나, 또 예를 들면 국가와 신궁 신사와의 관계, 국가와 종교와의 관계…(중략) 등 중요한 헌법적 규율로서 성문법의 규정이 아니라 오직 관습에 의거해 정해진 부분이 적지 않다"라고 쓴 것과 같이 '헌법적 관습법'으로서 존재했다.

미노베 학설에 의하면 관습법의 연원인 관습은 민간관습, 행정관습, 사법관습, 정치관습으로 구별되는데, 헌법적 관습법의 연원을 이루는 것은 주로 정치관습으로 "정치관습이 권력적 행동에 의해 생겨나고 그것은 민간의 관습보다 훨씬 강한 권위를 가진다"고

되어 있다. 이 점은 국가신도의 헌법적 성격을 생각하는 데에 대단히 중요하다. 국가신도는 권력적 행동에 의해 생겨난 정치적 관습을 연원으로 하여 제국헌법 체제하의 헌법적 관습법에 의해 유지된 국가 체제의 일환을 구성하는 것이다. 그것은 종교적 권위임과 동시에 특정한 정치적 가치 체계를 표현하는 정치적 권위이기도 하다.

국가신도 성립의 역사적 과정은 메이지 초년의 신불판연령(神佛判然令 : 불교와 오랜 습합 과정을 거쳐 왔던 신도에서 불교의 요소를 말소하라는 명령 - 역자주), 이세신궁을 정점으로 하는 전국 신사에 대하여 사격(社格)을 부여함으로써 신사를 서열에 따라 재편성, 메이지 10년대에는 제사와 종교를 분리해 획일적 국가제사의 실현이라는 과정 등을 거쳤다. 국가신도는 제사와 종교(이 경우 포교활동 · 장례식 · 개인의 영혼구제 등의 활동을 의미한다)의 분리, 황실신도, 즉 궁중제사와의 결합을 거쳤다는 점에서 단순한 신사신도와는 다르다.

정부는 겉으로는 국가신도하의 신사는 국가의 제사로서 종교가 아니라고 계속해서 주장하였다. 종교학적으로 엄밀한 의미에서 종교였는가의 여부는 의문의 여지가 있다는 사람들도 있다. 확실히 형식상의 요건으로만 말하면 엄밀한 의미에서 교의를 가진 조직적인 창창종교(創唱宗教)가 아니라고 말할 수 있을지도 모른다.

국가신도 이전의 신사신도는 전반적으로 보면 자연종교적인 성격을 가진 민족종교의 범위 안에 분류되어 있다. 신사신도가 자연종교적인 민족종교라고 하더라도 국가신도는 자연종교적인 신사

신도를 모태로 하여 대단히 특수하게 창조된 새로운 종교라고 말할 수 있다. 창창종교(創唱宗教)는 일반적으로 민족종교를 모태로 한다. 국가신도가 특수한 창창종교인 것은 첫째로 주창자를 따로 지목할 수 없다는 것, 둘째로 언뜻 보면 체계적인 교의가 존재하지 않는다는 것, 셋째로 민족종교를 넘은 보편성이 보이지 않는다는 것, 넷째로 직업적인 종교가에 의한 적극적이고 조직적인 포교활동이 보이지 않는다는 점일 것이다.

국가신도의 특수성

이러한 특수성은 국가신도가 말 그대로 국가신도로 창창(創唱)되었다. 즉 천황교(天皇教)라고 할 종교로서 성립되었다는 특수성에 근거한다. 천황 자신이 '고래 신도'의 창창자(創唱者)이고 황조신(皇祖神)을 최고의 절대신으로 삼았으며 그 황조신의 유일한 제사자(祭祀者)라는 점으로 인해 자신도 역시 현인신(現人神)이라는 것이 국가신도이다. 그 교의는 헌법적 관습법인 국가와 신궁 · 신사와의 관계를 포함한 소위 근대 천황제 이데올로기 그 자체라고 볼 수 있다.

국가적 종교이기 때문에 민족종교를 넘는 보편성을 가질 수 없었던 것은 사실이지만, 당사자 자신은 결코 그렇게 생각하지 않았다. 일본이 식민지를 획득하거나 또는 외국을 점령하면 대만신궁, 조선신궁에서 소남신사(昭南神社 : 싱가포르)에 이르기까지 각지에 신사를 창건한 사실이 이것을 나타낸다. 천황교(天皇教)의 기본 교전이라고도 말할 수 있는 '교육칙어' 는 "이것을 중외(中外)에 널리 펼친다" 고 그 보편성을 주장했다. 포교자는 국가 자신이고 신직(神職)은 국가의 관직이었다.

국가신도의 교의는 근대 천황제 이데올로기 그 자체라는 표현에 대해 이론(異論)이 있을지도 모른다. 그러나 후에 보겠지만, 이것은 패전 전의 일본의 공식적인 견해로서 명확히 규정되어 있다. 사실의 문제로서도 사격제도(社格制度)에서 보이는 서열 구조와 근대 천황제 이데올로기의 구조는 일치한다. 그것은 정치 이외의 영역만이 아니라 본래 그것과 모순되는 정치적 지배 체제 구조까지도 관철하는 제도와 이데올로기였다. 이 문제는 후지타(藤田省三)의 『천황제 국가의 지배원리』에서 거론되었다.

메이지 이래 근대 일본에서 '천황' 이라는 단어의 의미는 실로 복잡 다양하다. 더구나 '천황' 관념의 다양성은 동일한 정치적 지배자의 머리 안에 완전히 동일한 정치적 상황하에서 동시에 주관적인 진실로서 존재했다. 종교적 · 도덕적 상징으로서의 '천황(다른 표현으로 하면 '천자')은 때에 따라서는 '신' 으로서 종교적 윤리의 영역에 있는 지고의 가치를 절대적으로 구현한 자이고, 어떤 때는 온정에 넘치는 최대 최고의 '가부장' 으로서 인간생활의 정서 세계에 들어가 일상적인 친밀감을 갖고 군림한다. 그러나 또한 그 양자 사이의 틈새에서 '천황' 의 지배 체제는 정치 이외의 영역을 기초로 한 '신국' 이 되고 또는 '가족국가' 가 되지만('천자' 로부터 '천황' 으로 비약), 이 지배 체제는 최고의 권력자에 의해 통합되는 '정치국가' 그 자체였다(절대의 정치적 주권자로서의 '천황' 그 자체).

정치적 이성을 잃은 권력

이러한 다의적(多義的)인 체제 관념이 일체화해 감에 따라 노골적인 권력행사도 한편에서는 신의 명령으로서 지상에서 절대화되고 또 다른 한편에서는 '눈물의 징계, 사랑의 회초리'로서 온정과 인자함의 소산으로 정당화되어, 권력이 권력으로서 정치적 존재이유를 주장하는 근대적 국가이성을 잃어버린다. 이에 따라 지배자는 정치적 이성과 책임 의식을 스스로 은폐하고 거기에서 권력의 무제약적인 확대가 생겨났다.

후지타는 여기에서 천황의 또 다른 한 측면인 '대원수'로서의 성격에 대해 언급하지 않지만, "상관의 명령을 받은 것은 실은 직접 짐이 명령을 내린 것과 같다는 것을 명심하라"고 규정한 '군인칙유' 하에서 '중대장은 아버지, 반장은 어머니'라는 의제가족(擬制家族)을 형성하여 '눈물의 징계, 사랑의 회초리'라는 미명하에 무제약적인 사적 폭력에 의한 질서를 성립시킨 것이 '천황의 군대'였고 거기엔 이러한 특질이 가장 전형적으로 나타났다.

후지타는 여기에서 결론적으로 근대 천황제의 지배 체제를 정치 이외의 영역을 기초로 한 절대적 존재로서의 '신'의 지배 및 온정에 넘치는 '가부장'으로서 인간의 감성에 파고드는 '가족국가'적 지배, 나아가 정치적 주권자로서의 권력지배로 분류한 다음, 권력지배 즉 정치지배가 정치적 이성을 잃어버리고 정치 이외의 영역에 권력 그 자체의 존재이유를 구하고 있다는 점을 지적했다.

정치 권력의 존재이유를 정치 그 자체의 논리에서가 아니라 정치 이외의 영역에서 구했다는 것은 근대 천황제 지배 체제의 특징이다. 이에 따라 권력은 그 권력행사를 정치영역의 내부에 한정하는 자기 억제를 잃어버리고 국민생활 전반에 그 지배를 미치기에 이르렀다. 그것을 가능하게 한 것이 바로 절대의 종교적 권위가 동시에 절대의 정치적 주권자이기도 한 국가신도를 근간으로 한 근대 천황제 이데올로기였다. 후지타는 정치 이외의 영역이 갖는 이원성('신'과 '가부장')에 대응하는 정치지배 질서의 제도화를, 원래는 서로 다른 이질적인 원리에 근거한 권력국가와 공동태국가(共同態國家)라는 양극적인 의도로 이원 구성함으로써 구하고 있다. 후지타는 이 양극적 이원 구성의 한쪽인 공동태국가의 의제(擬制)와 의제화의 논리를 '최대의 근대 국가주의자'인 이토(伊藤博文)의 '향당 사회(鄉黨社會)'론에서 찾아냈다.

근대 천황제 이데올로기를 절대적 '신'을 중심으로 하는 '가족국가'의 논리로 전개한 것이 황조신을 중심으로 한 신들의 서열화였다면, 정치지배제도로서 양극적 이원 구성의 모순인 권력국가와 공동태국가의 관계를 제도적으로 자리 매김한 것은, 이세신궁을 본종(本宗)으로 '향당 사회'의 기본 단위로 정해진 촌사(村社)에 이르기까지 정연하게 서열화시킨 사격제도(社格制度)였다. 절대적인 '신'의 세계는 이 제도를 통해서 현실의 생활영역 안으로 이식되어 '가족국가'로서 의제화되어 정치 밖의 영역에서 정치적 지배의 질서로서 실현된다.

국가신도와 가족국가

근대 천황제에서 천황이 가지는 이원적 성격, 즉 종교적 권위로서의 '천자'와 정치적 주권자로서의 '천황'이 지니는 성격을 이데올로기적으로—물리적으로는 대원수로서의 측면인데—교묘하게 통일하고, 나아가 이 각각이 가지는 이원 구성, 즉 종교적으로는 절대적인 '신'이라는 것과 온정에 넘치는 '가부장'이라는 것, 정치적으로는 권력국가의 초월적 지배자인 것과 공동태국가의 일상생활적 지배자인 것, 이 이율배반적인 질서원리를 훌륭하게 통일시킨 이데올로기와 제도가 근대 천황제 이데올로기와 그 제도이고, 그 근간을 이루는 것이 국가신도였다.

이세신궁을 천황가의 조묘(祖廟)로서 강조하게 된 것은 메이지 유신 이후이다. 이 생각이 "국민을 지배하는 정치원리로 이용되었다"고 하여 사쿠라이(櫻井德太郎)는 "즉 천황과 국민을 친자관계로 보는 가족국가관이 그것이다. 천황을 부모로 보고 국민을 그 자식으로 보는 가부장적 가족제도로 의제화함으로써 가족국가의 이념을 주장하고, 나아가 가족국가의 조신(祖神)을 가부장으로서 천황가의 조상신[族祖神]인 아마테라스오미카미에 비정(比定)했다"(『종교와 민속학』)고 썼다. 이러한 기술은 국가신도와 '가족국가'관의 관계를 단적으로 표현한 것이다.

실제는 이토(伊藤博文)가 말하는 '향당 사회'가 정치적으로는 권력국가에 의해 관념화되고 의제화된 것과 같이(예를 들면 실제의 공동체와는 인연이 없는 행정촌 단위에 대한 메이지 말기의 신사통합

강행), '가족국가' 역시 공상적 관념의 의제화일 수밖에 없었다. 그러나 이 공상적 관념의 의제화는 현실의 " '이에(家)' 는 '일계형 가족(一系形家族)' " 이라는 개념의 붕괴를 관념적으로 대체하는 것으로 일정한 효과가 있었다. 의제화된 '향당 사회' 가 정치적 지배를 관철하기 위해 어느 정도의 강제력을 발휘하는 것이 가능했던 것도(이것도 예를 들면 신사통합을 포함한 지방개량운동에서 모범촌의 속출) 본래의 공동체 사회의 붕괴에 대한 대체 현상이었다고 생각할 수 있다. 가미지마(神島二郎)의 『근대일본의 정신구조』가 "일계형가족과 그 윤리의 붕괴야말로 '이에(家)' 적인 국민통합의 전제이지 않으면 안 된다" 고 하여, '이에(家)' 와 '가족국가', '이에(家)' 의 제사권과 국가신도와의 관계를 특히 야스쿠니신사 문제를 중심으로 논한 것은 중요한 의미가 있다고 말하지 않으면 안 된다.

가미지마는 "가족국가론은 개인의 안전을 '이에(家)' 를 대신해서 국가가 보장하는 형태를 취하여 민중으로부터 체제에 대한 신뢰감을 끌어내는 기능을 하고, 그 기반은 종래의 공동체가 해체되고 대가족제적 '일계형가족' 이 분해하는 과정 그 자체…(중략)에 있다는 사실에서 찾아야만 할 것이다" 라고 논했다. 가미지마는 '일계형가족' 의 제사권 붕괴를 국가신도 확립으로 결부시킨 돌파구를 징병제도와 야스쿠니신사에서 찾았다. 가미지마는 "그러나 '이에(家)' 의식에 내재해서 거기에서 보장되어 온 영생에 대한 염원이 야스쿠니신사 정책에 의해 국가적으로 동원되는 과정은 결코 순탄한 것은 아니었다" 고 하여, 이 국가 정책의 국민에 대한 침투가 쉽지만은 않았다는 것을 말했다.

이에(家)의 제사권과 야스쿠니신사 제사

가미지마는 그 최대의 장애로서 '이에(家)'의 제사권 문제를 들었다. '일계형가족'에서 선조의 제사는 정통 적자인 주인 부부의 권리였다. 본가 제사에 속해야만 할 사람을 분가가 멋대로 제사지낸다면 '두 군데에서 제사를 지내면 부처님이 곤란해 한다'고 본가에서 항의가 들어온다.

"후쿠이(福井)현 와다(和田)마을의 경우, 딸이 시집간 곳에서 부모의 위패를 만들어 제사지냈더니 이내 본가에서 불만의 소리가 높았다고 하는데 그때 오쓰카(大塚庄太郎)라는 사람이 '그렇다면 군인은 야스쿠니신사에서 제사지내기 때문에 유족의 집에서는 제사를 지내서는 안 된다는 논리가 아닌가'라고 반박하였다. 이 경우에는 야스쿠니신사의 제사가 이미 국민적으로 승인된 후이기 때문에 두 군데에서 제사지내면 안 된다는 관념에 대해서 이것이 유력한 반박의 근거가 될 수 있었지만, 야스쿠니신사의 제사가 아직 국민적 상식이 되기 이전이었다면 역으로 선조의 제사가 적자인 주인 부부의 권리인 '일계형' 가계의 제사권의 관념에 명백히 그 장애가 되지 않을 수 없다"라는 예를 들고 있다. 가미지마는 이 사실이 있었던 연대를 쓰지 않았지만 러일전쟁 때의 이야기라고 받아들여도 좋을 것이다.

가미지마는 나아가 초기 징병제에서 호주 및 그 후계자의 병역면제와 그 점차적인 제한의 강화에 대하여 "정책적으로는 오히려 '일계형' 가족의 제사권과 충돌을 회피하면서 그것이 저절로 파괴

되는 것을 기다린 것이 아닐까? 아니 결과적으로 그것을 기다린 것이 되었다고 보는 편이 타당할지도 모르겠다" 고 했다.

결론은 다음과 같다.

첫째로 가족국가론은 실체로서 존재한 '일계형가족' 의 붕괴를 전제로 해서만 성립할 수 있었던 관념적 · 의제적인 것이며 체제에 대한 신뢰와 복종을 이끌어낸 기능을 담당한 위로부터의 국민통합 논리이다.

둘째로 국가신도 · 국가제사권은 전통적인 민족종교에 속하는 '일계형가족' 의 제사권과 대립 · 모순되는 것으로 '일계형가족' 의 제사권에 작위적 · 정책적으로 대치되었던 것, 즉 국가의 제사권이다.

셋째로 국가신도의 이 관념성과 모순이 가장 명백한 형태로 표현된 것이 야스쿠니신사의 존재이다.

그럼에도 불구하고 야스쿠니신사가 국민의 승인을 받기에 이른 것은 그것이 국민에 대한 징병제의 관철과 표리일체 관계를 이루는 '일계형가족' 의 붕괴 현상을 기다렸던 데 기인한다. 특히 국민에 대한 징병제의 침투가 정책적으로 '일계형가족' 의 제사권과 상충되는 것을 피하면서 이루어져 궁극적으로는 '일계형가족' 의 제사권을 국가의 제사권으로 전환시켜 간 야스쿠니신사 제사와 상호 보완적 관계를 이루며 완성되어 갔다는 점이 중요하다.

이에(家) 제사권의 습속화

메이지 초기의 대교(大教)선포운동은 '일계형가족'의 제사권이 붕괴되고 있다는 인식을 전제로 출발했다. 1872년 문부성 대교정(大教正) 고노에(近衛忠房)·센게(千家尊福)가 편집한 『신교요지약해(神教要旨略解)』는 '산토신(産土神)'에 대하여 다음과 같이 해설하고 있다. "산토신은 향리촌락에 진좌하여 그 토지 사람들의 명복을 비는 신이다. 또 씨신(氏神)이라 해서 옛날에는 각 성씨의 조상을 제사지내는 것도 있었는데 지금은 이것이 서로 섞여 식별할 수 없는 경우가 많다. 그래도 옛날에는 모두 그 토지를 분배해 지배하는 신으로서 그 토지의 창업 또는 조종(祖宗)과 동일하다"고 한다. 여기에서 '일계형가족'의 제사가 지연공동체의 제사로 전화하고 있다는 인식이 나타난다. 이 인식은 국가신도화 단계의 정책에서도 변하지 않았다.

이러한 인식에 근거한 사격(社格)의 제정에서는 1871년 5월 관사(官社 : 대, 중, 소의 관폐사〈官幣社〉, 대, 중, 소의 국폐사〈國幣社〉), 제사(諸社 : 부사〈府社〉·번사〈藩社 : 이후 번을 폐지하고 현을 둠으로써 현사가 된다〉)의 제정에 이어 7월에는 향사정칙(鄉社定則)이 부현사(府縣社)·향사(鄉社)·촌사(村社)라는 사격이 규정되었다. 이상의 사격이 부여되지 않은 신사는 격이 없는 신사, 즉 무격사(無格社)가 되었다. 이 사격제도의 제정은 중요한 사건이었다. 같은 5월 14일 정부는 포고로 "신사의 의(儀)는 국가의 종사(宗祀)로서 일인일가(一人一家)가 소유할 수 없는 것은 물론이다"고 선언했다.

이 포고는 그 이유로서 '제정일치의 정체(政體)' 를 고취하였다.

여기에서 많은 '일계형가족' 의 제사는 무격사로 격하되어 '향당 사회' 의 중심으로서 새롭게 일촌일사(一村一社)의 원칙이 행정적으로 강행되었다. 각 지방에 따라 그 실시 상황에 얼마간의 차이는 있으나 종래의 '일계형가족' 의 제사는 섭사(攝社) · 말사(末社)로서 촌사(村社)에 통합되어 '향당 사회' 의 제사로 해소 · 재편성되어 국가신도화의 정책에 말려 들어갔다.

그러나 '일계형가족' 의 제사는 국가신도화 정책에서 배제되었음에도 불구하고 철폐되지는 않았다. 그것은 국가신도와는 관계없는 민간신앙이 되어 계승되었다.

필자가 편찬에 관여한 『가쓰다시사(勝田市史)』의 「민속편」은 한 절을 '우지가미의 제사' 에 할애하였다. 거기에는 현재에 이르기까지 계속되는 '동성(同姓)의 제사' 로서의 '계도(系圖)제사' 와 '우지 제사' 의 실태에 대한 자세한 조사보고가 기록되어 있다. 이 지방에는 상당히 큰 범위의 지역(이바라키현, 나카〈那珂〉군의 동쪽 반 정도)에 걸쳐서 '얀사마치' 라고 불리는 지역제사집단이 형성되어 있었다. '얀사마치' 는 현재는 없어져 버렸지만 주목할 것은 "계도제사의 나가스나(長沙)의 예나 우지제사의 미타다(三反田)의 예와 같이 얀사마치 제사집단의 모태가 되는 것도 있어 그 둘 사이에 공통점" 이 보인다는 것이다. 이 같은 예는 본래 '일계형가족' 제사를 단위로 하는 집단으로서 마을 규모를 넘어선 지역제사집단이 성립했던 것을 나타낸다.

이와 같이 '일계형가족' 의 제사는 분명히 붕괴의 길을 걷기 시작했지만, 지역차가 있다고는 해도 완전히 없어져 버린 것은 아니었다. 단지 종래의 민족종교 제사의 모태이고 기초단위였던 그 지위가 저하되기 시작했다는 경향과 더불어 국가신도의 제도적 기반이 된 사격제도로부터 정책적으로 배제됨으로써 민족종교로서도 거의 완전히 무력화되어 민속 · 습속화의 길을 걷게 되었다고 생각한다.

국가신도의 제도적 확립

일반적으로 국가신도의 성립은 행정제도 면에서는 식부료(式部寮)를 궁내성으로 옮겨(1875년 4월) 궁중 제사와 신사 제사의 통합을 실현하고, 신사행정의 관할을 교부성(敎部省 : 폐지)에서 내무성 사사국(社寺局)으로 옮겨(1877년 1월) 국내 일반 행정과의 정합을 시도했다는 데서 볼 수 있다. 이 같은 행정제도하에서 1882년 1월 신관(神官)의 교도직겸보(敎導職兼補)를 폐지하고 장의(葬儀)에 관여하지 못하도록 하였다(부현사〈府縣社〉 이하에서는 신불교도직〈神佛敎導職〉 폐지까지 종래와 동일함).

같은 해 5월에 교파신도의 독립이 승인되어 1884년 8월에 신불교도직이 전폐되고 여기에 신사신도에 있어서 소위 제사와 종교의 분리가 이루어졌다.

제사와 종교의 분리라 해도 실은 국가의 관직에 속하는 신관이 포교활동과 장의에서 손을 떼고 국가의 제사라는 종교활동에만 종사하는 제도였다. 이 조치에 따라 국가의 제사를 행하는 신도는 교파신도 · 불교 · 기독교의 세 종교 위에 군림하는 초월적인 국가종교로서의 지위가 부여되었다.

국가신도가 법제적으로 확립된 시기로서 제국헌법의 발포는 커다란 의미가 있었다. 제국헌법 그 자체가 국가신도를 이데올로기적인 기초로 하여 성립했다. 그 때문에 제국헌법은 제28조 "일본신민은 안녕 질서를 방해하지 않고 또 신민으로서의 의무에 반하지 않는 한에서 신교의 자유를 갖는다"는 항목을 설정하지 않으면 안 되었다.

미노베의 『축조헌법정의(逐條憲法精義)』(1927년)는 이 '신민으로서의 의무'에 대하여 "먼저 국가 및 황실에 충순(忠順)하는 의무 및 이에 따라 국가 및 황실의 종묘인 신궁, 역대 산릉(山陵), 황조 · 황종 및 역대 천황의 영을 보시는 신사 등에 대해 불경한 행위를 하지 않을 의무를 들지 않으면 안 된다"고 해설하고 있다.

'우리 제국의 국교'

나아가 미노베는 이 조문과 관련하여 국가와 종교의 관계에 대하여 헌법학적 입장에서 논하고 있다.

미노베가 '국가와 종교의 관계'라고 제목을 붙여 논한 제국헌법상의 해석은 다음과 같다.

> 우리 국법에 있어서 국가와 종교의 관계에 대해 첫째로 들지 않으면 안 되는 것은 우리 태고 이래의 고신도(古神道) 또는 유신도(惟

神道)로 그것은 황조황종 역대 천황의 신령 및 천신지기(天神地祇)를 제사지내는 도(道)로서 오늘에 전해지고 있다. 법률상으로 형식상 그것은 종교와는 구별되고 따라서 일본의 국교로 선언되지는 않았으나, 종교라는 관념은 결코 형식적으로 국가로부터 종교로서 지정된 것만을 가리키는 것이 아니고 그 실질을 지칭하는 관념으로, 따라서 만일 종교의 관념을 어떤 초인적인 신령의 존재를 인정하여 그것을 존숭하고 예배하는 것을 주요 요소로서 해석한다면 우리 고래의 제사도 어디까지나 하나의 종교이고 따라서 이것은 우리 제국의 국교이다.(중략)

국민적 숭배의 대상으로서 신명(神明)을 제사하는 신궁 및 신사는 국가의 공공 시설이고 그 제사를 관장하는 신관 및 신직은 모두 다 국가의 공공 직원으로 국가가 스스로 이것을 임명하는 것이다. 법률적 형식상 설령 이것이 명백하게 종교와 구분되어 있더라도 실질적으로는 종교의 일종임을 의심할 수 없다면, 그것은 어디까지나 국가적 종교로 국가가 국정의 일부로서 스스로 제사를 관장하는 것이고 이리하여 천황은 그 제주로서의 지위에 있게 되는 것이다. 그것은 우리 태고 이래의 불문 헌법으로 이 불문 헌법은 성문 헌법의 제정에 의해 변경된 것은 아니다.

미노베는 국가신도와 고신도(古神道)를 혼동하고 있다. 이것은 미노베의 오해이다. 국가신도는 고신도, 즉 자연 신앙적인 민족종교와는 달리 오히려 근대의 창창종교에 속한다.

자연 신앙적인 민족종교 다시 말하자면 민간신앙과 창창종교는 명확히 구별되지 않으면 안 된다. 와카모리(和歌森太郎)의 『신과 부처의 사이—일본인의 종교 의식』은 "민간신앙이 전승되는 단계가 먼저 있고 그 이후 단계에서 창창종교의 교설이 형성되었다고 말할 수 있다. 양자는 역사적 단계를 달리하면서 나타난 것이다." "창창종교는 민간신앙을 기조로 하면서도 이것을 오히려 부정하고 변혁시키는 방향에서 지양하면서 새롭게 발명된 것이다라고 할 수 있다" 고 했다. 여기에서 와카모리가 말하는 것은 야스쿠니신사에서 전형적인 형태로 나타난다.

국가 · 종교 · 습속

와카모리는 더 나아가 "신사신도나 불교 등 창창종교가 그 지방의 민간신앙을 무시하지 않고 그것을 받아들이면서 전개되어 온 것" 이라 기술하고 그 예로 "신사신도의 제의에서 꼭 행하는 상록수인 비쭈기나무를 신전에 바치는 다마구시호텐(玉串奉尊)을 들었다. 이것은 제사가 신과 인간을 일체화하는 것이라는 의미를 나타내는 작법이다. 비쭈기나무든 소나무든 상록수를 일본인은 어쨌든 신력이 머무는 나무로 생각해 왔다. 민간신앙의 습속으로서 정월에 문 앞에 꽂아 두는 소나무—곳에 따라서는 문 입구에 비쭈기나무를 세워 두었다—에서 볼 수 있듯이 성수(聖樹)숭배와 통하는 것이다" 는 사실을 지적하였다.

종교적 의식이 민간신앙적인 습속을 그대로 받아들인 예는 기독교의 크리스마스와 같이 신도뿐만 아니라 다른 창창종교에도 많다. 따라서 예를 들면 지진제(地鎭祭) 의식이나 다마구시호텐과 같은 어느 특정한 의식의 형식만을 다른 일련의 종교 의식으로부터 잘라내어 단순한 습속에 불과하다고 결론 내리는 것은 잘못이다. 그것들은 원래 민간신앙적인 습속에서 취해져 창창종교의 교의 체계 안에 삽입됨으로써 일정한 종교적 의의가 부여된 것으로 전화되었기 때문이다. 교회나 사원, 신사 등의 종교적 시설과 결부되거나 또는 의식을 주재하는 성직자의 존재와 결부된 의식은 그것이 설령 민간신앙적인 습속과 형식이 동일하다 하더라도 명백히 종교적 의식이다.

국가신도 이전의 신사신도의 종교적 위치에 대해서는 명백한 결론이 나와 있지 않다. 신불분리 이전에는 불교로부터 독립된 신사신도의 종교적 존재를 인정할 수 있는가 여부조차 확실하지 않다. 와카모리가 여기에서 말하는 창창종교로서의 신사신도는 정교분리를 거친 후인 현재의 신사신도에서 완성된 모습을 제시하고 있다는 것은 말할 나위 없이 자명하다.

제국헌법 체제하의 국가신도는 천황을 최고의 제사자, 즉 성직자로 하는 국가종교였다. 제국헌법에 정해진 '신교의 자유'는 '신민의 의무', 즉 국가신도의 틀 안에서만 인정되었다. 근대 천황제와 국가신도는 제국헌법하에서는 일체였다. 그러나 근대 천황제가 국민통합의 수단으로서 국가신도를 효과적으로 활용하기 위해서는 아직 많은 민간신앙을 기초로 해 그것을 부정 · 변혁시켜 국가신도 체계 안에 재편성해야 했다.

일본 민간신앙의 계보를 대별해 보면 수호신신앙과 위협신신앙이 있다. 수호신신앙의 대표적인 것이 조령신앙(祖靈信仰)이고 위협신신앙의 대표적인 것이 어령신앙(御靈信仰)이다. 수호신령도 제사를 게을리하면 위협신령으로 바뀌고 위협신령도 진정시키는 제사에 의해 수호신령으로 바뀔 수 있다는 융통성을 가지고 있다. 이 민간신앙을 교묘하게 포섭하여 민간신앙 본래의 성격과는 완전히 다른 것으로 재편성함으로써, 국가신도에 의한 국민통합의 유력한 수단으로 새롭게 창출된 것이 야스쿠니신사 신앙이었다. 따라서 야스쿠니신사는 국가신도 일반과는 달리 국가신도 안에서도 특히 중요한 위치가 부여되었다.

3. 정치제도로서의 국가신도

'천양무궁(天壤無窮)' 신화

이미 언급했듯이 국가신도는 제국헌법에서 일본의 국가종교이고 천황은 그 최고 제사자였다. 국민의 신교의 자유는 이 국가종교를 '신민(臣民)의 의무' 제1로 정함에 따라 그 틀 안에서만 한정되었다.

제국헌법 제28조와 일본국헌법 제20조는 이 점에서 절대적으로 상반되는 규정이다. 특히 신교의 자유와 국가 및 신사의 관계에 관해 제국헌법 체제에서 합헌이었던 것은 현재 일본국 헌법에서는 위헌이라고 단정해도 과언이 아니다.

원래 제국헌법은 '천양무궁한 굉모'(天壤無窮의 宏謨 : 천지와 함께 영원하리라는 신칙-역자주)와 '고래신도의 보조'(寶祚 : 일본 고래의 신이 열어 놓은 천황가의 황통 계승 - 역자주)라는 관념을 유일한 근거로 천황 통치권의 정통성을 끌어냈다. 이 개념은 그 근거를 소위 '천손강림' 의 '신칙(神勅)' 에서 찾았다. 이것은 이토(伊藤博文)의 『헌법의해(憲法義解)』에 명기되어 있다.

그런데 소위 '신칙' 에 대해 말하면 『고사기』에는 "아마테라스 신이 이 도요아시하라노미즈호노쿠니(豊葦原水穗國 : 일본국)는 내 아들인 네가 통치해야 할 나라라고 천손에게 말씀하셔서 천손이 그 말씀에 따라 일본 땅에 하강하셨다"(『日本古典文學大系』 : 이와나미 서점版의 해석에 의함)라고 되어 있을 뿐으로 '천양무궁' (天壤無窮 : 천지와 함께 영원하다) 운운 기사는 존재하지 않는다. 『일본서기』의 본문에는 '신칙' 그 자체의 기록이 존재하지 않는다.

단지 『서기(書紀)』는 본문 이외에 이설(異說)을 '아루후미(一書)에 의하면' 이라는 형태로 수록하고 있다. '천손강림' 에 관한 개소로 수록되어 있는 '아루후미(一書)' 는 8종류가 있다. 소위 '신칙' 의 '천양무궁' 의 부분, 즉 '寶祚之隆 當與天壤無窮者矣' (전쟁 전의 국정교과서의 해석에 따르면, 천조대신〈天照大神〉의 보위를 계승하는 나의 자손은 천지와 함께 영원하다)라는 문장은 그 안의 제1의 '아루후미(一書)' 에 나올 뿐이다.

그 후 『서기(書紀)』의 제1의 '아루후미(一書)' 에 나오는 '천양무궁' 의 '신칙' 은 『고어습유(古語拾遺)』 등에 전재(轉載)되어 전해졌다. 또 고래의 축사(祝詞)에도 '신칙' 이 여러 종류 나오는데, 그 중 '오토노호카이(大殿祭)' (고대에 궁전의 평안을 기원하는 축사로 궁전 관계의 신을 제사지내는 때에 했다고 한다 - 역자주)에 "천조대신의 보위를 계승하는 황위여 영원하라" 라는 구절이 나오는 것말고는 모두 『고사기』의 '신칙' 과 같은 취지이다.

천양무궁 신칙

국정교과서에 실린 '신칙' 의 전문과 동일한 문장은 『고사기』, 『일본서기』(記 · 紀)의 어느 곳에도 나오지 않는다. 즉 메이지 이후 공식적으로 '천양무궁' 의 '신칙' 이라고 여겨졌던 문장은 『고사기』와 『일본서기』 안에서 자기를 정당화시킬 수 있는 부분을 모아 장중하고 신비로운 문장으로 합성하여 만들어 낸 것이었다. 국정교과서는 일본 고래의 신화라는 형태로, 실은 메이지 시기에 만들어진 신화를 국민에게 가르쳐 왔던 것이다.

『일본고전문학대계』 이와나미판 『일본서기』의 '신칙' 에 관한 주(注)에 의하면, 위의 문제의 구절은 한문조였는데 일본어로 전승되어 온 옛 날말로 된 다른 부분의 문체와 어울리지 않아, 가모노 마부치(賀茂眞淵), 모토오리 노리나가(本居宣長), 쓰지다 교손(土田杏村), 쓰다 소기치(津田左右吉), 이에나가 사부로(家永三郎) 등 역대의 역사가들이 모두 후세의 가필 내지는 윤색에 의한 것이라고 지적하였다.

'여천양이무궁(與天壤而無窮)' 이라는 구절은 당초, 『고사기』 · 『일본서기』 편찬 이전부터 중국에서 쓰이던 개념이다. 그것이 『고사기』 · 『일본서기』의 편찬 당시에는 당연히 일본에 전래되어 있었다고 생각하는 것이 타당하다. '대전제(大殿祭)' 에 나타나듯이 일본에도 비슷한 사상이 있었다고 생각할 수 있으나, 어쨌든 그것을 중국사상에서 가필하여 한문조로 윤색하였음에 틀림없다. 따라서 『고사기』는 이 부분을 빼고 『일본서기』는 이것을 정문(正文) 중에 채용하지 않고 '아루후미(一書)' 에 수록한 데 그친 것이었다.

'보조지륭당여천양무궁자의(寶祚之隆當與天壤無窮者)' 라는 사상은 『고사기』·『일본서기』를 편찬할 당시에는 아직 정통 신화전승으로서 인정되지 않았다. 그것은 메이지 신화로서 새로이 정통의 자리에 앉게 된 것이었다. 메이지 국가신도의 교의를 만들어 내기 위해 고대의 신화전승을 변경·수정한 것이었다. 이 국가신도의 교의에 근거하여 제국헌법이 제정되었다. 그것은 제국헌법 체제로서 신교의 자유뿐만 아니라 군사·교육·문화·사상 등 모든 면에서 국민의 일상생활을 구속했다. 그럼에도 불구하고 제국헌법이 형식적으로라도 신교의 자유를 내걸지 않으면 안 되었던 것은 일본이 새롭게 국제 사회의 평등한 일원이 되기 위한 불가결한 조건이었기 때문이다.

신사행정

1877년부터 패전 후의 국가신도 폐지까지 일관되게 신사행정을 담당해 온 것은 내무성이었다. 1877년 설치된 내무성 사사국(社寺局)은 1900년에 신사국과 종교국으로 분리되었고, 종교국은 1913년에 문부성으로 이관되었다. 1940년 내국(內局)의 신사국은 외국

(外局)인 신기원(神祇院)으로 확충 · 개편되어 패전을 맞았다. 그러나 각 지방관청의 신사행정 사무를 주관한 부서는 제1차 세계대전 중의 행정사무 간소화까지 거의 일관되게 학무부 사사병사과(社寺兵事課)였다. 여기에 국가신도와 교육과 군사가 행정상 일체가 되어 운영되어 왔던 실태를 볼 수 있다.

내무성 신사행정의 연혁을 개략적으로 알기 위해서는『내무성사』제2권 제2편 제2장 '신사행정' 이 편리하다. 이 장의 서두에는 개괄적인 신사행정 연혁의 개요가 서술되어 있다.

이 개요에 의하면 대교선포운동의 좌절 이후 신사는 불교와 그 외 종교단체와는 별도로 분리되어 국가기관(공공법인)으로서 취급되고 그것에 상응하는 공적 제도를 정비해 갔다는 점, "조약개정을 위한 것도 있어 신사를 종교로 보기 쉬운 측면으로부터 가능한 한 격리하여 경신숭조(敬神崇祖) 국민도덕의 표적이라는 점을 강조하고 그렇게 함으로써 부국강병 · 식산흥업(殖産興業)의 정신적 기초로도 공헌하도록 한다는 방침을 취하고", 이 방책은 관계법령 · 제도 · 지방행정상 빠짐없이 적용되어 지방에 대한 지시 · 훈령이 늘 행해졌다는 점, "쇼와 시대 초기에 시작되는 대륙진출 정책의 추진 이후에는 소위 황도정신의 근본은 신사숭경(神社崇敬)에 기초한다는 것이 한층 강조되었고, 태평양전쟁중에는 신사행정도 신사의 제사를 중심으로 한 특별한 양상을 띠었다" 는 점이 기술되어 있다.

제국헌법 제28조

"조약개정을 위한 것도 있어 신사를 종교로 보기 쉬운 측면을 가능한 한 없애" 라고 되어 있는데, 도쿠가와 막부가 맺은 불평등조약을 개정하는 데 커다란 장애는 막부정권으로부터 새 정부가 계승한 오랜 세월에 걸친 기독교 박해의 역사였다. 신교의 자유 보장은 조약개정 실현을 위한 절대조건이었다. 이 조건을 형식적으로 만족시키기 위해서도 제국헌법 제28조가 필요했다. 따라서 형식적으로는 신사신도의 제사와 종교를 분리해서 국가 제사로 하는 형식으로 국가신도의 종교적 외면을 희석시켰지만, 정부조차도 국가신도가 종교가 아니라고 단언할 자신은 없었다. 『내무성사(內務省史)』 자체가 그것을 구체적으로 고백하고 있다.

『내무성사』는 제국헌법 제28조의 실제 적용에 대해 서술하고 있다. 거기에는 먼저 신교의 자유가 "조문 규정에 있는 대로 제한적인 자유였다" 는 것을 전제로 하여 특히 "신사신도는 국가의 종사(宗祀)로서 특별취급을 받고 국교적인 지위에 있었기 때문에 신사숭경은 국민의 의무로 간주되었다" 고, 국가신도가 '국교적 지위' 에 있었음을 인정하였다. 따라서 "이 숭경을 받아들이지 않고, 또 그것을 비방하는 것은 질서를 파괴하고 국민의 의무에 반하는 것으로 생각되었다. 정부는 신사가 종교의 범주에 들어가야 하는가 아닌가는 잠시 보류하고 다른 종교와는 다른 취급을 하고 있다는 내용의 성명" 을 내었다. 정부는 국가신도가 종교가 아니라는 명확한 태도를 취할 수 없었다. 가장 중요한 이 점을 애매모호하게 한 채로 국민에 대해 신사숭경을 의무로서 강제했던 것이었다.

국가종교로서 신도와 다른 종교 사이에는 정책적 방침에서도 엄연한 차별을 두었다. "현실적으로 신사는 특별한 보호를 받고 (반면 감독도 엄중했지만) 그 외 종교는 보호받은 점도 없지는 않았지만 일반적으로 여러 면에서 강한 통제를 받았던 것이다"라는 기술과 같이 신사행정에서는 '보호'의 측면이 강했고 다른 종교행정에서는 '통제'의 측면이 강했던 것이다.

신사법 제정 문제

국가신도가 종교인가 아닌가, 정부는 이 판단을 유보한 채로 진행해 왔지만 딱 한 번 판단을 내리지 않을 수 없는 상황에 직면한 적이 있었다. 신사법 제정 문제이다. 종교국이 문부성으로 이관된 후 1926년 5월 문부성에 종교제도 조사회가 설치되어 종교법 제정의 방향으로 움직이기 시작했다. 내무성으로서는 이에 대한 대응을 하지 않으면 안 되는 상황에 이르렀다.

그때까지 법규상 신사가 다른 사원 등 종교시설과 공통의 법규가 적용되던 부분이 많았기 때문에 종교법이 제정되면 그로부터 독립된 통일적인 신사법을 제정할 필요가 생겼던 것이다. 이것 자체가 법규 면에서는 신사가 다른 종교시설과 동질의 종교행정 대상이 되었던 부분이 많았다는 것을 나타낸다.

1929년 12월 내무대신의 감독하에 속하는 신사제도 조사회 관제(官制)가 공포되어 "신사제도에 관한 종교사항을 조사 심의"하게 되었다. 그 목적은 신사법을 제정하여 신사의 성격, 신사제도에 대해 한층 명확한 통일적인 신사법규를 설정하는 것이었다. 동 조사회에 내무대신이 최초로 낸 자문사항은 "관국폐사(官國幣社) 이하 신사의 유지 · 경영을 확실히 하는 방책이 무엇인가" 라는 문제였다.

『내무성사』에 의하면 "그러나 이와 관련하여 신사의 본질 문제(종교와의 관계 문제)에 대한 논의가 장기간 계속되었으나 이 문제의 해결은 용이하게 얻어질 것 같지 않고 따라서 이것을 해결하고 나서 그에 의거하여 통일적으로 신사법규를 수립한다는 것은 매우 곤란한 상태였다" 고 한다. 결국 조사회는 이 근본적인 문제에 대한 결론을 내는 것을 유보하지 않을 수 없었다.

조사회는 당장의 미봉책으로서 신사제도상 종래 미비했던 점을 하나씩 보충해 간다는 방침을 취하는 것에 그쳤다. 공공비용(지방비)으로부터 신사비 공진(共進), 초혼사(招魂社)의 호국신사로의 개칭 · 정비, 신직 대우의 개선 등이 실시되고, 또한 조사회의 건의에 따라 1940년 11월 내무성 신사국을 폐지하고 신기원(神祇院)이 설치되었다.

한편 문부성에 의한 종교법 제정의 움직임은 교파신도 각파 및 불교계의 격렬한 반대운동으로 실현되지 못했다.

『내무성사』에는 제국헌법 운용상의 문제로서 중요한 기술이 있다.

하나는 "당시 신궁 · 관국폐사 이하 신사의 제사에 대해 칙사 내지 지방장관이 참배하여 신찬폐백료(神饌幣帛料)를 공진(共進)하는 것은 천황대권의 하나인 제사대권의 발동으로 간주하고 지방장관의 공진사(共進使)로서의 사무는 지방 공공단체의 고유 사무가 아니라 국가로부터의 위임 사무로 해석되고 있었다" 라는 기술이다. 다른 하나는 "신사에 대해서 패전까지 '국가의 종사(宗祀)'로 한다는 것 외에 그 본질에 근거한 법적 성격에 대해 법규상 명확한 것은 없었지만 신사 제사는 국가 제사이고 신사 봉사자는 관리 또는 관리 대우였고 신사시설은 국가시설로서 취급되어 왔기 때문에 공공법인으로서 간주된다는 것은 명백하다" 라는 기술이다.

국가신도의 종교적 특질

이상의 서술로부터 국가신도의 종교적 특질로서 다음과 같은 점이 분명해진다. 첫째로 문부성이 종교법 제정에 착수하자 내무성의 신사행정도 이에 대한 대응이 요구되어 시설 등의 관리 · 감독행정 면에서 신사가 다른 사원 등과 공통의 종교법규 아래 놓여 있었다는 것이다. 이것은 명분이야 어떻든 행정상의 실태로서는 신사가 종교시설로서 취급되었다는 것을 의미한다.

둘째로 독립된 신사법을 제정하기 위해서는 제국헌법 제정 이래의 "신사가 종교의 범주에 들어가야 하는가 아닌가는 잠시 보류한다" 는 방침을 깨고, 신사의 종교적 본질에 관계되는 문제를 논의하지 않을 수 없게 되었다는 것이다. 이것은 제국헌법의 근간과 관계되는 문제였다. 국가신도는 종교가 아니라고 명확하게 규정하면 제국헌법의 전 체계가 성립된 근본 원칙을 붕괴시키게 된다. 국가신도를 종교라고 규정하면 제국헌법에 있는 신교의 자유를 전면적으로 부정하게 된다. 결국 국가신도의 종교적 성격에 관한 논의라는 다루어서는 안 되는 성역에 도전한 결과, 역시 이 본질적인 모순을 해결하지 못하고 신사법 제정은 보류되었다.

신사법 제정이 유산된 데서도 알 수 있듯이 제국헌법 체제하에서 정부는 국가신도의 폐지에 이르기까지 결국 국가신도 내지 신사의 본질에 근거한 법적 성격에 대해서 명문상의 법적 규정을 할 수가 없었다. 신사의 종교적 성격에 관한 규정을 계속해서 회피하지 않을 수 없는 한, 즉 신사 제사의 종교적 성격을 부정할 수 없는 이상, 제국헌법과의 모순을 피하기 위해 그렇게 할 수밖에 없었던 것이다. 조사회의 논의의 대상이 안 되었던 것이 아니라 논의에 장시간을 허비한 끝에 신사의 본질, 즉 종교적 성격에 관해 규정하지 못했다는 것은, 그 종교적 성격을 부정할 수 없었다는 것을 의미한다. 결국 국가신도에 관한 법적 규정은 제사와 종교의 분리 이전에 제정된 1871년 5월의 포고가 제국헌법 제76조의 준유규정(遵由規定)에 의해 계속해서 유효하다고 한 것 외에는 존재하지 않았다.

그러나 이 포고가 제국헌법 체제하의 전 시대를 통해 국가신도의 본질에 관한 유일한 법적 규정이었다는 것은 국가신도의 종교적 성격을 둘러싼 모순도 또한 명백하게 드러내었다. 이미 소개한 바와 같이 이 포고는 "신사는 국가의 종사(宗祀)로 일인일가의 사유물이 되어서는 안 될 것은 물론"이라고 규정하고 있었지만, 동시에 "제정일치의 정체에 모순되게 그 폐해가 적지 않아 이번에 개정한다"고 하여 '국가 종사화(宗祀化)'가 정체로서의 '제정일치' 의 실현을 목적으로 한 것임을 선언하였다. 이 포고가 제국헌법 체제하의 국가신도의 본질을 규정한 유일한 것으로 계속해서 통용되었다는 점은 국가신도가 국가종교, 정치종교, '제정일치' 의 이데올로기 장치였다는 법적 본질을 드러냈다.

천황의 '제사대권'

네 번째로 헤이하쿠료(幣帛料)의 공진(供進)이 천황의 제사대권 발동이라고 제국헌법 운용상 해석되었다는 점이다.

『고지엔』(廣辭苑 : 대표적인 일본어 사전－역자주)의 '헤이하쿠' 항에는 "① 신에게 봉헌하는 물(物)의 총칭" 이라고 되어 있다. 더구나 공진은 헤이하쿠를 대신하는 것으로 헤이하쿠료라는 금전의 형태로 이루어지는 것으로 정해졌다. 이것은 1873년 2월 사실상의 헤이하쿠공진사제도(幣帛供進使制度)가 시작될 때부터 일관해서 변하지 않았다. 오히려 '긴페이(金幣)' 라는 용어가 공식적으로 사용되기조차 했다. 헤이(幣)는 즉 '누사(ぬさ)' (신에게 기도하거나 액풀이를 할 때 쓰는 종이, 삼 따위를 오려서 드리운 오리－역자주)이며, 일반적으로 알려진 것은 액풀이에 쓰이는 마, 목면, 종이로 만든 것이다.

종교 의식용 물건을 현물이 아니라 금전으로 공진하는 것은 국가신도 성립 이래의 관습이었다. '누사' 의 공진도 '옥관봉전(玉串奉奠)' 도 신사숭경의 상징적 표현이라는 점에서는 완전히 같다. '옥관봉전' 은 종교적 행위라 하더라도 옥관료(玉串料) 지출은 종교적 행위에 해당하지 않는다는 구실은 특히 신사에 관해서는 성립하지 않는다.

다섯 번째로 가장 중요한 것은 제국헌법하에서 명문상의 규정은 아니지만 '헌법적 관습법'으로서 천황의 제사대권이 존재했다는 사실이다. 신사 제사는 천황대권의 발동이었다. 천황이 어떤 식의 형태로든 공식적으로 신사 제사에 관여하는 것은 국사 행위로서 종교적 행위에 관계되는 것이 되며 제국헌법의 대권사항의 부활을 의미한다.

현재 국가신도의 폐지 이후 궁중 제사와 신사 제사는 분리되어, 궁중 제사는 천황가의 사적인 행위로서 행해지고 있다. 그러나 천황이 신사 제사에 공식적으로 관여하게 되면 천황가의 사적인 행사로서의 궁중 제사라는 사사성(私事性)도 공적인 성격으로 전화될 가능성이 높고, 궁중 제사와 신사 제사의 공적인 차원에서의 결합이라는 국가신도의 부활, 따라서 제사대권의 부활이 될 위험성도 크다. 천황이 야스쿠니신사에 공식적으로 참배한다는 것은 단순히 일본국 헌법의 정교분리 원칙에 관한 것뿐만 아니라 소위 상징천황제를 취하는 일본국 헌법에 천황의 국사 행위에 과거 제국헌법의 통치권의 총람자로서 천황의 대권사항을 부활 · 추가하는 것을 의미하고, 그것은 일본국 헌법의 국민주권의 기본 원칙과 대립하게 되는 것이다.

국가신도의 성립기에 근대 천황제의 사회제도에 대응하는 형식으로 사격제도가 도입되고 정비되어 왔다는 것은 이미 말하였다. 동시에 새로운 신사의 창건도 이루어졌다. 사격제도를 초월한 지위를 부여받은 것은 신궁, 즉 이세신궁이고, 신궁을 정점으로 하여 관폐사, 국폐사, 이하 지방사(地方社)에 속하는 부현사, 향사(鄕社), 촌사, 그리고 무격사의 순서로 피라미드형으로 신사 서열이 만들어졌다.

관폐사, 국폐사에는 나아가 대·중·소의 격 부여가 이루어졌고, 같은 사격의 신사에도 서열이 부여되었다. 대·중·소의 관폐사는 황실의 조신(祖神), 『고사기』·『일본서기』에 나타나는 신화상의 대표적인 신, 천황·황족(메이지 이후 창건된 신사가 많다)을 제신으로 하고, 국폐사(대사〈大社〉는 실재하지 않았다)는 국토의 개발, 지방 개척에 공로가 있다고 생각되는 유력한 신을 제신으로 했다. 예외로는 신하인 스가하라노 미치자네(菅原道眞)가 옛날부터 어령신앙의 대상으로서 신격화되어 있었기 때문에 교토의 기타노(北野)신사, 후쿠오카현의 다자이후(太宰府)신사가 관폐중사(官幣中社)로 서열이 부여되었다.

별격관폐사(別格官幣社)

천황·황족을 제신으로 하는 신사, 식민지에 창건된 신사를 별개로 하고 메이지 이후 창건신사로 특필해야 하는 것은 천황에게 충성을 다한 신하—특히 남북조 시대의 남조의 충신—를 제신으로 하는 신사가 창건되어 이들 신하를 제신으로 하는 신사의 사격으로서 새로이 별격관폐사제도가 만들어졌다는 것이다.

구스노키 마사나리(楠木正成)를 제신으로 하는 미나토가와(湊

川)신사가 창건되어 1872년 별격관폐사로 열격된 것이 최초였다. 다음해 1873년 닛코(日光)의 도쇼(東照)궁, 새롭게 창건된 도요토미 히데요시(豊臣秀吉)를 제신으로 하는 호코쿠(豊國)신사가 열격되고 1874년에는 후지와라 가마타리(藤原鎌足)를 모시는 불교계 영사(靈社)와 와케노키요마로(和氣淸麻呂)를 모시는 불교계 영사(이들 모두 신호〈神号〉가 부여되어 있었다)를 신사로 고쳐, 각각 단잔(談山)신사, 고오(護王)신사로서 열격되었다. 1875년에 오다 노부나가(織田信長)를 제신으로 하는 다케이사오(建勳)신사가 창건되어 열격되었다. 같은 해 별격관폐사의 서열이 정해져 제신이 사망한 연대순으로 제1위의 단잔신사에서 제6위의 도쇼궁까지 서열이 결정되었다.

이후 니쓰타 요시사다(新田義貞)를 제신으로 하는 후지시마(藤島)신사, 기쿠치 다케도키(菊池武時)를 제신으로 하는 기쿠치(菊池)신사, 나와 나가토시(名和長年)를 제신으로 하는 나와(名和)신사가 창건되어 열격이 주어지고, 각각 사망 연대순으로 서열이 부여되었다. 구 막부 시대에 '신군(神君)' 으로 숭배되었던 도쿠가와 이에야스(德川家康)를 모시는 도쇼궁은 스가하라노 미치자네를 모시는 두 개의 덴만(天滿)궁과는 달리 신하의 대열로 격하되어, 열격된 충신들을 모시는 별격관폐사의 최하위 서열이 부여되었다.

그런데 10번째로 야스쿠니신사가 별격관폐사에 열격되기에 이르러서 사정이 변화되었다. 그때까지의 규정에 의하면 야스쿠니신사는 별격관폐사의 서열 최후에 자리매김하게 된다. 사실 별격관폐사의 창건과 열격이 계속됨에 따라 야스쿠니신사의 서열은 1882

년에는 제16위로 내려갔다. 제신의 사망 연대순이라는 규정이 개정되어 이후 새로이 창건된 별격관폐사의 서열은 창건 순서로 되었다.

형식적으로는 고대의 제도를 모방한 사격제도에서는 특이한 존재인 별격관폐사는 천황에 대한 충근(忠勤)이라는 척도로써 신하를 신으로 모시는 제도로서 만들었다. 이 특이한 신사제도인 별격관폐사에서도 한층 특이한 존재가 야스쿠니신사였다. 다른 별격관폐사는 모두 이미 역사상의 인물이 된 특정한 개인을 신으로서 모시는 신사이다. 제신이 여럿 있는 경우에도 주신은 하나이고, 주신의 동족·부하 등은 주신과 함께 천황에게 충근을 다한 자가 배사(配祀)되는 형식이다. 야스쿠니신사의 경우는 두 가지 점에서 다른 별격관폐사와 달랐다.

야스쿠니신사의 제신은 대부분이 모두 주신이다. 야스쿠니신사는 그 제신이 이미 과거의 역사적인 인물이라고 한정되지 않고 오히려 앞으로 제신이 증가할 것을 예상한 신사였다. 메이지 이후 활동한 신하로 지방사 이하는 별개로 하고 직접 국가의 신으로서 모시는 것은 야스쿠니신사의 제신에 한정되었다. 국가신도 체제에서도 특이한 존재인 이 야스쿠니신사는 국가신도 체제에서 어떠한 위치를 가지며 성립되고 유지되어 왔을까.

제3장 야스쿠니신사 신앙

1. 특이한 성격의 야스쿠니신사

천황과 초혼사(招魂社)

야스쿠니신사는 그 창건 경위부터 다른 신사와는 달랐다. 천황과의 관계에서도 당초부터 다른 별격관폐사는 물론 다른 관폐사 일반과도 달랐다. 도쿄(東京) 구단(九段)의 초혼사(招魂社)가 야스쿠니신사로 개칭되어 별격관폐사로 열격된 것은 1879년 6월 4일이다. 유신 이래 이때까지 전국 각지의 신궁 · 신사에 천황이 직접 '어배(御拜)' 또는 '교코(行幸)' 한 기록을 『메이지천황기(明治天皇紀)』에서 열거하면 다음과 같다(이하 연, 월, 일, 신사명, 그 외 사항의 순).

1868년 3월 21일, 이와시미즈하치반(石淸水八幡)궁, 오사카친정(大阪親征)에 응해 '어배(御拜)', 평정(平定) 기원

1868년 4월 17일, 자마(坐摩)신사, 오사카친정(大阪親征)중 '교코(行幸)' 라고만 기록, 참배의 유무 불명

1868년 4월 20일, 스미요시(住吉)신사, 오사카친정(大阪親征)중 '참배'

1868년 8월 9일, 가모시모(賀茂下), 가모카미(賀茂上) 두 신사, 제1차 동행(東幸)에 따른 '어배'

1868년 9월 27일, 아쓰다(熱田)신궁, 동행(東幸)중 '친알(親謁)'

1868년 10월, 28일, 히가와(氷川)신사, 도쿄 체재중 '어배'

1869년 2월 29일, 가모시모(賀茂下), 가모카미(賀茂上) 두 신사, 제2차 동행(東幸)에 따른 '어배'

1869년 3월 12일, 이세(伊勢)신궁 외내궁(外內宮), 동행(東幸)중 '친알'

1870년 11월 1일, 히가와신사, '어배' ('어배' 만이 목적)

1872년 5월 26일, 이세신궁 외내궁(外內宮), 중부 서부 순행중 '어참배(御參拜)'

1873년 4월 16일, 가마쿠라(鎌倉)궁, 가마쿠라에서의 육군대항연습 관람 후 '어배'

◎1874년 1월 27일, 초혼사, 예대제(例大祭)이므로 '어배'

◎1875년 2월 21일, 초혼사, 대만정벌 전사자 합사 임시대제이므로 '어배'

1876년 6월 7일, 도쇼, 동북 순행 길에 칙사에세 폐백(幣帛), 신찬(神饌)을 공양하게 한 후 거동하다

1876년 6월 7일, 후타라야마(二荒山)신사, 도쇼궁에 거동한 후 가볍게 행차

1876년 6월 27일, 시바히코(志波彦)신사, 시오가마(塩竈)신사, 폐백,

신찬을 공양하게 한 후 거동하다

1877년 2월 3일, 가모시모(賀茂下), 가모카미(賀茂上) 두 신사, 관서(關西) 순행 도중 교토(京都) 체재중에 '어배'

1877년 2월 9일, 가스가(春日)신사, 관서 순행 도중 '어배'

1877년 2월 14일, 스미요시신사, 관서 순행 도중 '어배'

1877년 5월 10일, 오토코야마하치반(男山八幡)궁, 교토(京都) 체재중(세이난전쟁〈西南戰爭〉중) '어배'

◎1877년 11월 14일, 초혼사, 세이난전쟁(西南戰爭)전사자 합사 임시대제로 '어배'

1878년 8월 13일, 히가와신사, 북방과 동해 순행중 '어배'

1878년 9월 6일, 야히코신사(彌彦神社), 동상(同上)

1878년 10월 9일, 게히(氣比)신사, 동상

1878년 10월 28일, 아쓰다신궁, 동상

1878년 11월 6일, 미시마신사(三島神社), 동상

황실의 '특별대우'

이상과 같은 기록 안에 3회의 '어배'가 있었던 것은 가모양사(賀茂兩社), 히가와(氷川)신사 — 모두 사격제도의 제정과 함께 관폐대사로 열격된 교토, 도쿄의 총진수(總鎭守)이며, 천황이 교토, 도쿄에서 이동할 때마다 어배하였다 — 외에는 사격이 없는 초혼사뿐이다.

2회의 '어배'는 이세신궁과 아쓰다신궁, 이와시미즈하치반궁, 스미요시신사(아쓰다신궁 이하는 모두 사격제정시 관폐대사로 열격)

이다. 이세신궁, 아쓰다신궁을 첫번째 방문할 때는 제1회째는 '친알' 이라는 표현을 사용하였지만, 이 두 신궁은 황위(皇位)의 상징인 3종의 신기(神器) 중 거울과 검을 각각 신체(神體)로 하고 있어, 말하자면 천황이 그 조상신과 대면한다는 형식을 취했다는 의미의 표현이다.

이와시미즈하치반궁은 말할 것도 없이 무신(武神)이고 황성(皇城)의 수호신이었다. 보신(戊辰)전쟁의 친정(親征)과 세이난(西南)전쟁시 교토 체재중이라는 2대 내전에 대한 천황의 행동에 동반하는 당연한 어배였다. 스미요시신사는 오사카의 진수(鎭守)임과 동시에 전설상의 진구황후(神功皇后)의 '삼한정벌', 구체적으로는 고대 이래 천황가의 세토나이(瀨戶內) · 쓰시마(對馬) 해협권 군사지배의 확립과 밀접한 관계가 있는 신사이다. 이상은 초혼사를 제외하고 천황가 또는 황성과 밀접한 관계가 있는 신궁 · 신사이다.

1회의 어배가 모두 이미 사격제도 지정 이후의 가스가신사(春日神社), 미시마신사(三島神社 : 이 둘 다 관폐대사), 게히신사(氣比神社 : 당시는 국폐중사였으나 후에 관폐대사로 승격), 가마쿠라궁(鎌倉宮 : 관폐중사), 야히코신사(彌彦神社 : 국폐중사)이다. 다른 국폐중사(제도로서는 국폐대사의 사격은 있었지만 실제로 국폐대사로 열격된 신사는 없었다)인 후타라야마(二荒山)신사, 시바히코(志波彦)신사, 시오가마(鹽竈)신사에는 미리 칙사를 시켜 폐백 · 신찬을 공양한 적은 있었으나 천황이 어배하지 않고 완전히 비공식적인 행차만 했을 뿐이다. 별격관폐사인 도쇼궁에 대해서는 칙사에 의한 폐백 · 신찬의 공진은 있었으나 천황 스스로는 행차조차 하지 않았다.

자마(坐摩)신사는 관폐대사 이쿠타마(生國魂)신사의 무녀신이며 또한 진구(神功) 왕후 전승에 관계 깊은 신사이다. 단지 '교코(行幸)' 라고만 기록되어 있고, 경내에서 씨름을 보거나 하기 때문에 어배가 목적인지 여부는 불분명하다. 도쿄에서도 아스카야마(飛鳥山)를 유람했을 때 오지(王子)신사에서 휴식했다는 기사가 있는데 어배 또는 '걸음을 옮김(一揖)' 이라는 기술은 없다.

이상의 기록에 나타나 있는 바와 같이 최고의 제사자인 천황에 대한 초혼사의 위치 부여가 얼마나 큰 것인가 알 수 있다. 더구나 천황의 초혼사 어배는 예대제(例大祭) 1회, 임시대제 2회로 모두 대제일에 행해지고 있다. 『야스쿠니신사지(靖國神社誌)』가 "그렇다면 다른 많은 신사와 다른 유서와 특례를 가지는 것은 물론"이라고 하고, 특히 "황실의 특별대우는 말하기도 황송하고 국가의 우대 또한 각별한 것이다" 라고 강조하는 것도 이 의미에서는 당연하였다. 그만큼 국가신도에서 차지하는 야스쿠니신사의 위치 또한 특별한 중요성을 지니게 되었다.

군(軍)의 관할

야스쿠니신사는 1879년 6월 4일에 초혼사를 야스쿠니신사라고 개칭하여 별격관폐사의 지위를 부여받았다. 그전까지는 사격이 아직 정해지지 않은 것에서도 알 수 있는 것처럼 성립되고 있는 국가신도의 체계 안에서도 일종의 예외적인 특별한 존재로 취급되어 왔다. 그 이유는 초혼사의 기원에서 찾을 수 있다.

기원의 특수성 중 하나는 초혼사의 설립 주체에 근거한다. 유신 이래 신사신도의 연혁과는 달리 전사(前史)를 별개로 하면 도쿄 구단(九段)의 초혼사 건설은 칙명에 의해 당시의 군무관(軍務官 : 후에 병부성을 거쳐 육군성 · 해군성)에 의해 행해졌다. 신사신도가 신기관(神祇官) · 신기성(神祇省) · 교부성(教部省) · 내무성이라는 관할을 거쳐온 것과는 달리 별도의 관할에 속했다. 야스쿠니신사라고 개칭하고 별격관폐사로 열격되기에 이르러서 내무 · 육군 · 해군의 각성의 관리하에 들어가, 특히 신관의 인사권이 내무성에 속하게 되어 국가신도의 일원적 체계 속에 포함되었다.

1887년 신관관리제도(神官官吏制度)는 신궁을 제외하고 신직(神職 : 관리 대우)제도로 개정되고, 야스쿠니신사에 관해서는 내무성의 신관임면권(神官任免權)이 육 · 해군성의 신직임면권으로 고쳐져 내무성으로부터 완전히 분리되었다. 그러나 이미 정착된 사격제도와 제도화된 제식에 의해 국가신도의 체계에서 중요한 지위를 계속해서 차지하게 되었을 뿐만 아니라, 별격관폐사라는 사격의 관점에서는 다른 '충신'을 모시는 신사와 동격이면서도 실제로는 오히려 다른 많은 관폐사보다 탁월하고 나아가 황조신을 모시는 신궁에 버금가는 지위를 차지하기에 이르렀다.

『야스쿠니신사지』는 "이즈모대사(出雲大社)와 닮은 점이 있다. 이즈모대사는 천손이 강림한 때를 기리는 것이다. 천손 강림과 메이지유신과는 역사상 2대 사건으로 따라서 이즈모대사와 야스쿠니신사의 건립은 우연이 아니다"라고 씌어 있다. 말 그대로 천황에게 충성을 표현하는 2대 신사로서 신궁에 대한 이즈모대사와 야스쿠니신사는 대치되는 위치에 있었다. 이즈모대사의 지위와 영향력은 유신 당초 국가신도의 성립 과정에서는 신궁계(神宮系)와 이즈모계(出雲系)의 제신논쟁이 제사와 종교 분리의 중요한 원인이 될 정도로 컸다.

야스쿠니신사는 그 후 일관되게 육군성 · 해군성의 관할 아래 있었다. 이것이 야스쿠니신사가 다른 신사와 비교해서 초월적인 지위를 계속해서 차지한 큰 이유였다. 야스쿠니신사 스스로가 전국 각지에 그 사실상의 지방 분사라고 할 만한 관제(官祭) · 사제(私祭)의 초혼사를 가진 거대한 신사군(神社群) 체계를 구성하고 있었다(1934년 현재 관제 초혼사 104개, 사제 초혼사 34개).

신궁과 야스쿠니

그러나 이것은 야스쿠니신사가 내무성 관할 아래 있던 국가신도의 신사 체계와 별개로 독립된 신사 체계를 형성하고 있었다는 것을 의미하는 것은 아니다. 야스쿠니신사와 달리 이들 지방 초혼사는 내무성 관할 아래 있었다. 명분상으로 야스쿠니신사는 특수한 단립(單立) 신사였다.

이미 소개한 신사제도조사회의 답신에 근거하여 지방 초혼사를 호국신사로 개편하는 작업이 이루어져(1936년), 부현사에 준하는 지정호국신사와 촌사에 준하는 지정외 호국신사제도가 설치되었을 때 이들 호국신사의 제신은 각각의 지역과 관계있는 야스쿠니신사의 제신으로 하도록 정해졌다. 사실상의 야스쿠니신사의 지방

분사로서 제도적으로 정비된 이들 호국신사는 내무성 관할 아래 있으면서 국가신도라는 신사 체계의 중요한 일환을 구성하였다. 물론 국가신도의 신사 체계가 사실상 신궁을 정점으로 하는 신사 체계와 야스쿠니신사를 정점으로 하는 신사 체계로 정비되었다고 볼 수 있다. 이 단계에 이미 제신의 수만 보아도 전국 신사의 제신을 다 합친 수보다 야스쿠니신사의 제신 수가 훨씬 더 많다.

야스쿠니신사를 정점으로 하는 신사 체계는 부현(府縣) 차원의 지정호국신사, 보다 작은 지역 차원의 지정호국신사, 최말단 읍이나 마을의 충혼비(충혼비의 종교시설적 성격에 대해서는 제4장 참조)라는 종교시설 망으로서 전국 방방곡곡까지 조직되어 있었다. 더구나 그 정점에 있는 야스쿠니신사가 육·해군의 군사시설이었기 때문에 이들 시설망도 역시 종교시설임과 동시에 군사시설이라는 이중적 성격을 갖기에 이르렀다. 후술하는 바와 같이 이 이중의 성격은 모순되지 않는다. 이렇게 해서 야스쿠니신사는 국가신도의 2대 중심 요소 가운데 하나가 되었다.

야스쿠니신사 기원의 특수성 중 다른 하나는 창건 당시의 명칭이 초혼사였던 것에서 알 수 있듯이 신앙 계보의 특성에 있다. 이 점에서도 이즈모대사와 유사한 성격을 가지고 있었다. 이즈모계의 신도는 현세를 주재하는 '아마테라스오미카미(天照大神)'에 대해 죽은 자의 세계를 주재하는 오쿠니누시(大國主)를 대등한 위치에 있는 것으로 간주했다. 이것이 국가신도 성립기의 제신논쟁의 원인이 되었다. 논쟁은 칙재(勅裁)에 의해 수습되었지만, 결과적으로 이즈모측의 주장이 배제되어 국가신도 체계 아래에서 이즈모대사의 세력은 크게 후퇴하였다. 신앙 성립의 계보를 달리하는 야스쿠니신사에 대해서도 그럴 가능성이 없었다고 할 수는 없었다. 야스쿠니신사가 이즈모대사를 대신하는 국가신도의 2대 중심 중 하나로서의 지위를 사실상 계속해서 유지할 수 있었던 것은 야스쿠니신사가 육 · 해군의 관할 아래 있었고 제도적으로는 다른 신사 체계로부터 독립된 존재로 여겨지고 있었다는 점 때문이었다고 말할 수 있다.

교의(敎義)의 원천

야스쿠니신사의 교의는 원래 민간신앙에 속하는 어령신앙에 그 기원을 두고 있다. 이미 서술한 바와 같이 "창창종교는 민간신앙을 기초로 하면서도 그것을 부정하고 변혁시키는 방향에서 지양하면서 새로이 발명된 것이라고 해도 좋다"(和歌森太郎). 야스쿠니신사의 교의는 그 전형이라고 할 수 있다.

야스쿠니신사의 교의에 대해 생각할 수 있는 단서로서 먼저 러일전쟁기의 전기문학(戰記文學)의 하나로서 씌여진 에피소드를 소개하겠다.

당시 27세의 근위 기병연대 소속의 기병 중위 유카미(由上治三郎)는 출병을 기해 야스쿠니신사에 다음과 같은 기원을 드렸다(由上治三朗, 『鐵路夜話』).

신의 가호를 빕니다. 저는 자질이 없는 몸, 언제나 신의 가호를 얻을 수 있다면 이 직책을 완수할 수 있을 것입니다. 저는 여기에 모셔진 신들이 인간으로서 이 세상에 있을 때 이미 인간으로서 최대의 일을 이루고 국가를 위해 진력하신 그 공훈에 대해 숭엄한 경외를 드립니다. 그러나 신들이 이 세상에 있을 때 다 쓰지 못한 힘을 제발 저에게 빌려 주시기를 간절히 원합니다.

이러한 유카미 중위의 야스쿠니신사 신앙에 대해 동료는 정면으로 비판을 가했다.

야스쿠니신사에 모신 신령이 국가를 위해 온 힘을 다 쏟아 공적을 이루었다면 남은 여력이 있을 리 없고, 만일 신령에 대해 여력이 남아 있을 것이라고 인정한다면 온 힘을 다 쏟아야 할 것에 다 쏟지 못했다고 비난하는 것과 같다. 이것은 신에 대한 이만저만한 불경이 아니다.

이 청년장교들의 논쟁은 메이지 시대에 태어나 메이지 시대에 교육받은 비교적 지적 수준이 높은 청년장교들의 정신을 더욱 강하게 지배하고 있었던 고래의 민간신앙인 어령신앙과 그들이 장기간에 걸쳐 군사학교와 군대에서 받아온 교육에 의해 이식되어 온 야스쿠니신사 신앙과의 모순을 명확하게 부각시켰다.

어령신앙이란 "생전에 원한을 가진 채로 죽은 사람의 원령이 역병을 비롯하여 여러 가지 재앙을 불러온다고 하여 두려워하는 신앙. 원령의 활동을 진정시키기 위해 어령진제(御靈鎭祭)가 행해졌다" 고 하고, 기록상으로는 863년의 신센엔(神泉苑)에서 행해진 어령회(御靈會)가 고대의 것으로 가장 유명하다(宮田登,「御靈信仰」, 大塚史學會編『新鄉土史辭典』).

어령신앙의 효험

그러나 그것만으로 끝나는 것이 아니라 "저주를 그 정도 강렬하게 하는 영이라면 기원도 틀림없이 들어 주실 것이라는 신뢰가 해가 갈수록 강해졌다." 유명한 민속학자 야나기다(柳田國男)는 이러한 영신 성립 과정으로서 이야(伊預)의 얀베(山家淸兵衛)를 모신 와레이다이묘진(和靈大明神)의 성립을 들고 동일본(東日本) 소고령당(宗吾靈堂)도 유사한 과정을 거친 것을 지적하였다(「先祖의 話」). 이와 같은 신앙과 제사의 습속 보급에 대해서는 야나기다의 '사람을 신으로 제사지내는 습속' 에 자세한 것이 서술되어 있는데, 어령(御靈)이 고로(五郎)로 바뀌어 가마쿠라겐고로카게사마(鎌倉權五郎景政), 소가노고로(曾我五郎), 사쿠라소고로(佐倉惣五郎) 등으로 가탁(假託)된 것은 야나기다의「히토쓰메코조(一目小僧)」에 상세히 언급되어 있다.

이러한 어령신앙은 근세에 들어 습속화되어 예를 들면, 가부키(歌舞伎)의 세계에서 이치가와(市川團十郎)의 아라고토게이(荒事藝 : 용감무쌍한 연기)로서 시바라쿠(暫)의 겐고로(權五郎景政)나 이치렌(一連)의 소가고로(曾我五郎)나 스케로쿠(助六)와 같은 슈퍼맨 같은 인물로 형상화되어 "권력에 대결하기 위한 직접적인 수단을 가지지 못한 민중이 권력과 정면으로 대립하고 있는 에도(江戶 : 현재의 도쿄)에서는 이치가와 단주로(市川團十郎)를 비롯한 배우들이 연기하는 '고로' 나 '시바라쿠' 를 통해서 이 대립을 해소하는 것이 가능했다. 즉 자기 해방을 이룰 수 있었던 것이다. 에도 시대 이전의 민중들은 농촌에서 어령의 제전을 통해 이러한 기능을 수행했던 것인데, 이제 에도의 시민들은 무대의 단주로를 통해 즉, 아라고토를 통해서 스스로를 해방한 것이다"(西山松之助, 『市川團十郎』). 아라고토게이는 거칠게 날뛰는 영신의 현재화(顯在化)를 무대에서 형상화한 것이었다.

민중에게 이러한 형태로 보편화되고 계승되어 왔던 민간신앙으로서의 어령신앙이 메이지 시대에 태어나 성장하고 수준 높은 교육을 받은 청년들의 마음속에 아직 살아 숨쉬고 있다 해도 이상할 것은 없다. 그리고 이 청년들이 이러한 민간신앙에 근거해 전쟁터에서의 가호를 영신에게 기원하는 기분도 역시 이해할 수 있다. 그러나 청년들의 마음을 분열시킨 것은 과연 야스쿠니신사에 영신령사(靈神靈社)로서의 효험을 기대할 수 있겠는가 하는 의문이었다. 야스쿠니신사 존재 그 자체가 모순에 가득 찬 것이었기 때문이다.

야스쿠니신사의 기원은 1862년 후쿠바(福翌美靜) 등이 교토의 영산(靈山)에서 사제를 행하고 안세이다이고쿠(安政大獄 : 1858년 막부가 미국 등과 통상조약을 가조인한 일에 반대하는 지사들을 대량 투옥 처형한 사건-역자주) 이래 탄압으로 숨진 지사들의 영을 제사지낸 것이었다고 한다. 이 단계에서는 아직 어령신앙의 계보에서 크게 일탈하지 않았다. 이때의 제문에는 "누명을 쓰거나 또는 자살함으로써 왕사(王事)를 위해 죽은 사람"의 "용감하고 드높은 영혼을 이 신사에 제사지내 나라를 위한 충성에 보답하고 황위의 기초를 보호하기를 바라서 먼저 영제를 지내 영혼에게 이 뜻을 고한다"라고 되어 있어, 권력에 의해 비운의 죽음을 맞은 용맹스러운 영의 영력을 이끌어내는 제사로서의 성격을 잃지는 않았다.

진혼에서 위령으로, 위령에서 현창(顯彰)으로

그러나 1868년 6월 아리스가와노미야타루히토(有栖川宮熾仁) 친왕이 동정대총독(東征大總督)으로서 주재한 에도성 대광장에서 행해진 초혼제는 이미 어령신앙의 계승과는 이질적인 관제(官祭)였다.

첫째로 제사의 대상은 승리자인 '황군'의 전몰자로 한정되고 '패군(敗軍)'이라는 오명 아래 비참한 시체로 전장에 버려진 원령은 누구 한 번 쳐다보지 않았기 때문이다. 말하자면 어령신앙에 있어서 앙화(殃禍)의 힘이 가장 큰, 따라서 영력의 효험도 가장 위대한 어령을 제사지낸다는 신앙과는 전혀 관계가 없는 제사였다.

둘째로 초혼제에서 제사지내는 영혼은 당일의 제문에 "이렇게 군인들이 자신의 몸을 돌보지 않고 생명을 바쳐 이와 같은 대업을 이루어낸 것을 치하한다. 군인들이 목숨을 잃은 것을 생각하면 이는 지난날 구스노키 마사시게의 충성에 필적할 만한 것으로 참으로 한탄스럽고 안타까운 일이다"고 한 것처럼 공적을 세워 현세에 한을 남길 여지가 없는 영혼이었다.

또 같은 해 5월 페리 제독이 내항한 1853년 이래의 순국자를 교토의 히가시야마(東山)에서 제사드린다는 포고가 내려졌는데, 거기에서 영혼의 성격은 "무명의 전사들, 억울한 누명의 죄가 적지 않다. 이들은 부모 · 자식 간의 정을 뿌리치고 세습받은 영지의 봉록을 버리고 조상의 묘가 있는 땅을 떠나 비바람 맞으며 사방을 숨어 다니며 오직 막부의 실정에 분노하여 죽음을 각오하고 눈물로 호소하며 때로는 조정의 실력자를 격려하고 혹자는 지방의 영주를 설득하면서 신출귀몰하며 갖은 고생을 마다하지 않고 일하다가 마침내 목숨을 바쳤다"라고 해 원령적인 성격이 유지되고 있었다. 그러나 제사의 성격은 "이 지조를 천하에 공표하여 이 충혼을 위로한다"고 하여 어령진제가 아니라 위령의 제사에 그치고 있었다. 여기에 '충혼'이라는 말이 사용되는 점도 주목할 만하다.

이와 같은 과정을 거쳐 1869년 6월 도쿄 구단(九段)에 초혼장(招魂場)이 창설되고 초혼사로 개명되어 1879년 6월에 별격관폐사의 사격이 주어져 야스쿠니신사로 개칭되었다. 이 사호(社號) 개칭, 사격제정의 제문에서는 "너희들이 참된 충정을 가지고 가족의 안위를 잊고 몸을 던져 죽은 이 커다란 공훈에 의해 비로소 일본을 평안한 국가(安國 : 이 일본어 발음이 야스쿠니-역자주)로 다스리게 되었으니 이에 야스쿠니신사라고 개칭한다"라고 하여 일방적인 훈공 · 표창을 위한 제사로 전화되었다.

야스쿠니신사는 이와 같이 그 기원은 어령신앙의 계보를 밟으면서도 메이지 새 정부의 성립에 의한 관제화(官祭化)와 함께 위령을 위한 초혼제로 변질되어 전통적인 민간신앙으로부터 괴리되고 야스쿠니신사라는 개칭과 함께 위령의 성격에 덧붙여 훈공 · 표창이라는 성격이 강하게 대두되었던 것이다.

적군도 아군도 제사지내는 전통

일본에서는 옛날부터 전장에서 죽은 자를 적군인가 아군인가를 불문하고 함께 제사지내는 습관이 있었다. "일본의 역사를 조망해 보면 대전쟁 후 전후 처리 문제에서 가장 머리가 아팠던 것은 전사자의 위령으로 특히 패전한 측의 망자를 어떻게 처리하면 정신적인 안정을 기대할 수 있을까, 이 점이 전승자의 마음을 괴롭히는 중요한 전후 대책의 하나가 되었다. 역사 시대에 벌어진 일본의 전쟁은 대체로 동족상잔의 내전이었다. (중략) 우리 나라와 같이 동포가 서로 죽이는 내란에서는 승자도 뒷맛이 개운치 않았다. 이 죄악감을 정당화하기 위해 많은 무장이나 당사자들은 위령의 공양탑을 세운다든가 성대한 불공을 드리는 것에 힘을 쓰고 있었던 것이다" (櫻井德太郎, 『靈魂觀의 系譜』).

원래 내전에서 전사자를 아군 적군 모두 함께 추도한 예는 일본만이 아니다. 미국의 링컨 대통령이 게티스버그에 세운 남북전쟁 기념비는 남군 · 북군의 전사자를 다 같이 추도한 것이라고 한다. 패전한 적군의 전사자의 영혼을 내팽개쳐 돌보지 않고 전승의 영광에 싸인 승리자인 아군의 전사자만을 제사지낸다는 생각이야말로 대단히 이례적인 사상이라고 할 수 있다.

더욱이 야스쿠니신사 제1회 예제(例祭)의 제문은 "천황의 만세일계가 동요함 없이 굳건한 반석이 되도록 가호해 주시라고 고한다"고 하여, 호국의 영력을 발휘할 것을 기대하고 있었다. 국가에 공훈이 있고 그 죽음은 영광에 찬 것이었기 때문에 그 영혼은 위로하고 찬양할 대상이긴 해도 앙화를 진정시킬 대상이어서는 안 되기 때문에 어령신앙의 대상은 될 수 없었다. 더구나 앙화의 힘이 없음에도 불구하고 '천황의 치세'를 호위하는 영력을 발휘할 효험이 필요한 그 자체가 자기 모순적인 교의에 근거해 야스쿠니신사의 교의는 성립했다.

이 교의의 모순을 어떻게 해석할 것인가가 앞에서 소개한 야스쿠니신사에 기도한 일을 둘러싼 두 청년장교의 논쟁이다. 군대교육을 철저히 받았고 따라서 야스쿠니신사 신앙도 일반 국민과 비교해 한층 강하게 주입되어 있었던 현역 청년장교들에게조차도 전통적 민간신앙과 야스쿠니신사 신앙 사이에는 메우기 힘든 모순이 있음을 인식하지 않을 수 없었다. 이것이 바로 일반 국민 나아가 일반 국민 중에서 징집, 소집한 병졸들에게는 아직 야스쿠니신사 신앙이 보급되지 않았음을 뚜렷이 보여 주는 반증이다.

러일전쟁 종군자의 야스쿠니 의식

1년 지원병 출신 예비역 보병 중위 야스가와(安川隆治)는 제7사단 보병 제27연대 소속의 보충병으로서 출전하여 봉천회전(奉天會戰)에서 빈사의 중상을 입고 기적적으로 회복했다. 그 야스가와는 출전할 때 아는 사람으로부터 "어이, 전지에서 돌아올 때에는 소포가 되어 돌아와라"(러일전쟁 초기 전사자의 유골은 하얀 나무상자에 담겨 유족에게 돌아온 것이 아니라, 종이나 손수건에 싼다든가 빈 담배 깡통에 담겨 유족들에게 소포로 우송되었다)고 격려를 받았지만, 야스쿠니신사 또는 그 통칭인 구단자카(九段坂)로 돌아가라는 종류의 표현은 그의 기록인 『피의 연기(血烟)』를 통해 어디에서도 찾아볼 수 없다.

후비역(後備役) 특무조장 오다케(大竹末吉)는 203고지 정상에서 후비보병 제16연대의 초혼제에 참석하고 그 감회를 4쪽 가량의 글로 남겼다. 거기에는 "지금 그들의 용감 충렬한 행동을 추모하고 그 혼을 조사(弔詞)하는 것이다. 살은 썩고 피는 산하의 비료가 되어도 그들의 영혼은 틀림없이 지하에 고이 잠들 것이다. …그래도 그들의 장렬한 전사는 시로 읊어지고 노래로 불리어 영원히 전해져 국민의 기억에서 지워지지 않을 것이다"(『劍과 筆』)라고 씌어 있는데, 여기에는 영혼이 잠드는 장소로서 야스쿠니신사라는 관념도, 시가(詩歌)로 전승되기보다도 영원히 야스쿠니의 신으로 모셔지는 것을 명예로 생각하는 발상 그 어느것 하나 찾아볼 수 없다.

현역 졸병 오쓰키(大月隆仗)의 기록(『병차행〈兵車行〉: 졸병이 본 러일전쟁』)에도 전사한 전우의 유골을 유족에게 전하는 체험을 기록하면서도 야스쿠니신사 이야기는 나오지 않는다.

현역 장교인 이노구마(猪熊敬一郎) 보병중위의 기록(『철혈〈鐵血〉』)에도 야스쿠니신사는 등장하지 않는다. 여순(旅順) 포위전을 끝내고 북진하기 전날 밤 전사한 부하의 묘에 간 이노구마는 "지금은 생사가 다르다 하더라도 나 역시 북진한 뒤에는 자네의 뒤를 따르지 않을 수 없겠지. 남과 북 비록 장소는 다르더라도 죽음은 하나이지. 단지 충성을 다해 국난에 순국하려 하네. 여러분은 잠시 나를 기다려 주게" 라고 말하고 있지만, 후세의 상식으로 당연히 예상되는 상투문구인 '야스쿠니신사에서 기다려 주게' 라는 식의 말은 찾아볼 수 없다. 출정 전에 야스쿠니신사에서 기도한 것을 "의아해 하지 말아라, 책망하지 말아라" 라고 기록한 유카미(由上) 중사까지도 현실의 전장에서의 죽음에 대해서는 "아아, 나의 전우는 영원히 저기에서 잠들 것이다" 라고밖에 생각하지 않았고 출정 이후 그에게 단 한 번도 야스쿠니신사가 떠오르지 않았던 모양으로 야스쿠니에 대한 기술은 어디에도 보이지 않는다.

최근 많은 러일전쟁 종군일기나 전지에서 보낸 서간집이 공간되거나 사비 출판으로 인쇄되고 있다. 또 필자의 저서 『러일전쟁의 군사사적 연구』의 영향도 있어서 미간행된 원본을 복사해 주는 등 — 그중에는 기노시타(木下順二)의 『본향(本鄕)』에 언급된 필자 남편의 종군일기를 비롯하여 후쿠이(福井)현 아스와(足羽)군 미야마(美山)마을의 가사마쓰(笠松) 집안이 소장한 이 마을 출신 출전 군인 전원이 보낸 수백 통이 넘는 서간집 등이 있다 — 다수의 기록들도 다 살펴보았다. 현재까지 내가 본 것 중에서는 러일전쟁 단계의 출전 군인 중 초급장교나 하사관, 졸병의 수기에서 야스쿠니신사에 대해 언급한 것을 발견하지 못하였다.

러일전쟁 단계에서 전장에 주둔한 제1선의 초급장교나 하사관, 졸병에게는 전사하는 것이 야스쿠니신사로 연결된다는 발상은 거의 없었다고 할 수 있다. 예외로서 러일전쟁의 대표적인 전쟁기록문학이라 불리는 사쿠라이(櫻井忠溫)의 『육탄(肉彈)』이 야스쿠니신사에 대해 언급하고 있다. 단 그 언급은 전후를 회상하는 언급이고 전시중에 관한 기술에는 없다.

2. 인령(人靈)에서 신령(神靈)으로

전병사자(戰病死者)

청일전쟁의 전몰자 합사를 위한 야스쿠니신사 임시대제가 행해진 1895년 12월 17일과 1898년 11월 5일, 천황은 야스쿠니신사에 '친배(親拜)' 하였다. 이 두 번의 임시대제는 각각 다른 의미를 가지고 있었다.

1895년의 임시대제는 적과의 전투에서 전사하든지 아니면 부상당한 후 죽은 사람을 합사하는 임시대제였다. 그때까지의 합사 기준에서는 전투사자, 전상사자(戰傷死者), 전투중의 사고사자, 적의 포로가 되어 사망한 자는 포함되었으나, 전병사자(戰病死者)는 포함되지 않았다. 러일전쟁의 전몰자 1만 3,267명 중 1만 1,427명(그 중 해군 107명)이 전병사자(전몰자 전체의 86%)였다.

그때까지의 기준에 의하면 청일전쟁의 종군 전몰자 대부분은 야스쿠니신사에 합사할 가치가 없는 개죽음에 해당한다. 한편 천황은 대만에서 1895년 10월 28일에 전병사(戰病死)한 근위사단장 기타시라카와미야노히사(北白川宮能久) 친왕에게 국장의 예를 베풀었다.

황족 이외의 일반 병사사자의 처우에 대해서는 청일전쟁 강화조약 비준으로부터 2년 4개월 이상 대만평정선언(臺灣平定宣言)으로부터 1년 9개월 이상이나 방치되어 있었다. 1898년 9월 30일에 이르러서야 육군대신은 "전지에서 질병 내지는 재해를 당하고 또는 출정 사무에 관여하다 죽음을 당한 사람들을 천황의 특명을 얻어 전사자와 동일하게 합사" 한다는 고시를 내렸다(같은 것의 해군대신 고시는 10월 6일).

무엇보다 놀라지 않을 수 없는 것은 청일전쟁 직후까지 일본 국가는 전병사자를 국가를 위해 순국한 명예스러운 사자로서 인정하지 않았다는 점이다. 전병사(戰病死)는 불명예스러운 개죽음으로 간주되었다. 그러나 실제의 숫자에서 보는 바와 같이 외국 침략전쟁에서 종군 전몰자 대부분은 병사자인 것이 19세기의 세계 전쟁의 실태였다. 이것은 크림전쟁에서 보여 준 나이팅게일의 활동에서 보는 바와 같다.

특별합사

전병사자—그 대부분이 육군이다—특별합사의 육군대신 고시가 1898년 9월 30일에 내려진 것에는 정치적인 의미가 있었다. 다가올 러일전쟁을 상정한 육군의 군비 대확장, 근위사단을 포함한 7개 사단에서 13개 사단으로의 확장계획은 1895년에 결정되어 점차 착수되었는데, 둔전병(屯田兵)제도 정리와 관계하여 편제가 지연되고 있었던 홋카이도의 제7사단을 제외하고 제8사단에서 제12사단까지의 편제는 1898년 10월 1일에 발령되었다.

사단 증강의 군비 대확장의 전모가 국민 앞에 명확해지기 이전에 청일전쟁에서 응분의 보답을 받지 못했던 전몰자 대부분을 차지하는 전병사자의 처우에 대해 군은 곧 국가라는 태도를 국민에게 명백하게 해두지 않으면, 군비 대확장에 대한 국민의 합의는 얻을 수 없을 것이었다. 특히 '천황의 특명을 얻어' 를 강조하는 형태로 '특사(特祀)' 라는 형식의 합사가 고시된 것은 그 나름대로의 정치적 효과를 계산한 행동이었다.

1898년의 '특사' 에 관한 육 · 해군대신의 고시는 이후 전병사자를 합사의 대상으로 한다는 합사기준의 개정에 대한 고시가 아니라 어디까지나 1회에 한한 천황의 '특명' 에 의한 '특사' 라는 고시였다. 『야스쿠니신사지(靖國神社誌)』의 합사 연월 일람표는 1898년 11월의 합사에 대해 추가 합사의 전사자와 전병사자 및 전시 재해사자를 따로 기록하고 후자에 대해서는 '특사' 라고 기재하고 있다.

이렇게 취급을 달리한 것은 러일전쟁의 임시대제에서도 동일하다. '이때의 전사자' 는 1905년 5월과 다음해 5월의 두 차례에 걸쳐 합계 6만 843명이 합사되었다. 이에 대해 "이 전장에서 전사 내지 부상을 당한 후 죽은 자 작년 합사 때 아직 합사하지 못한 자-특사" "같은 업무에 종사하여 부상 질환 등의 이유로 죽은 자 및 이 전쟁에서 죽은 자-특사' 합계 2만 4,657명의 '특사' 는 1907년

5월에 행해졌다. 이 '특사' 중 전자는 전사로 인정하기를 주저해 온 생사불명자 내지는 돌아온 후의 사상자 등이다. 같은 야스쿠니 신사의 제신이라고 하더라도 합사의 전사자와 '특사' 의 전병사자나 전시 재해사자 사이에는 일부러 '특사' 라고 기재하고 합사의 연월도 지연시키는 등 명백한 차별이 있었다.

이 차별은 합사 후의 '제신' 으로서의 위치 규정에까지는 미치지 않았지만, '합사연월별' 일람표의 '제신장번호(祭神帳番號)' 와 '전역(戰役) 사항' 란을 대조하면 일목요연하게 구성되어 있음을 알 수 있다. 『야스쿠니신사지』는 "메이지 31년부터 특별합사의 차이가 있어 합사제(合祀祭)의 조목에 말하여야 한다" 고 기록되어 있는데, 이 '차이' 를 표현한 것이 '특사' 라는 두 글자이다.

은혜성과 자의성

전몰군인 전원이 야스쿠니신사에 합사된 것은 아니다. 정해진 기준에 근거한 합사자 외에는 천황의 '특명' 에 의한다는 형식으로 선별되고 은혜를 받아 합사되었다. 여기에 야스쿠니신사의 합사가 한편으로는 합사되는 개인의 신교를 무시한 국가신도—그 인격적 표현으로서의 천황— 라는 종교적 측면에서 일방적인 강제였다는 점과 함께 다른 한편으로는 합사되는 것 자체가 어디까지나 천황의 은혜에 근거한다는 국가의 이중적인 자의성을 볼 수 있다.

야스쿠니신사 합사에서 보이는 국가의 자의성이라는 모순이 단적인 형태로 나타난 사건이 1932년 제1차 상해사변에 관계된 구가(空閑昇) 소령의 합사 문제였다. 가네자와(金澤)의 보병 제7연대 대대장 구가 소령은 같은 해 2월 20일 중국군에게 포위되어 중상을 입은 채 적진에 남게 되어 전사한 것으로 인정되었다. 그 분투하는 모습이 국민에게 선전되어 유명해졌다. 그러나 의식불명의 구가 소령은 중국군에게 수용되어 정성스러운 간호를 받고 기적적으로 회복되어 정전 후에 일본군으로 송환되었다. 구가 소령은 포로가 된 책임을 지고 자살하였다. 그 비장한 모습이 점점 더 국민들의 인기를 모아 구가 소령을 전사자로 대우하라는 여론이 강해졌다.

육군성은 신중히 검토한 결과 사정이 사정인 만큼 자살이라고 인정하지 않을 수 없다고 그 취지를 관보에 발표하고 전사자로서의 일계급 진급이나 논공행상에 의한 서훈의 수속도 취하지 않고 야스쿠니신사에 합사도 하지 않았다. 그러나 여론이 끈질기게 요구하여 마침내 3년 후 육군성도 "특별히 전사자에 준하는 것으로 하여 합사의 영광을 부여하기로 결정" 했다. 국민이 군이 만들어 낸 '비상시' 의 열기에 들뜬 결과 그 반동이 군에게 다시 되돌아간 사건이었다.

국민통합의 정신적 중핵

야스쿠니신사가 국민통합의 정신적 중핵으로서 커다란 역할을 할 수 있게 된 것은 러일전쟁 이후였다. 야스쿠니신사에 합사된 러일전쟁 전몰자 수는 육군 8만 5,208명, 해군 2,925명, 합계 8만

8,133명이다. 이 숫자는 청일전쟁의 6.6배 이상이었다. 러일전쟁 당시 병역 적령 인구의 1.3%, 즉 병역 적령인구 1,000명당 13명이 전몰한 셈이다.

자세한 기록이 남아 있는 가가와(香川)현의 기록을 보면(가가와현 출신 병사는 여순 공격을 담당했기 때문에 전사자 비율이 다른 현보다 높다), 현민 50명에 1명이 전몰자 유족 또는 건강한 몸을 잃어버린 부상자 가족으로서, 일가의 부양자를 잃어버린 슬픔을 견뎌내야 했다. 계산해 보면 34가구에 한 가구 비율로 이러한 슬픔을 맛보지 않으면 안 되었다. 이것은 태평양전쟁 이전의 일본 역사에는 없는 대단한 숫자였다.

국민의 대다수가 전쟁의 희생에 반해 얻은 것이 거의 없는 러시아와의 강화조약에 반대하였기 때문에 정부는 강화조약을 실현시키기 위해 도쿄와 그 주변에 계엄령을 발동하지 않으면 안 될 정도로 궁지에 몰려 있었다. 너무나 큰 희생에 반해 러시아로부터 배상금도 얻어내지 못한 정부는 전후 바로 러시아에 대한 제2차 및 대미 전쟁준비를 위한 군비확장에 예산을 퍼부어 넣어 전사자와 그 유족에 대해 경제적으로 많은 것을 보답할 수가 없었다.

계급별 전몰자 중 가장 다수를 점한 것은 일등졸병으로 3만 5,998명, 다음으로 상등병 2만 7,023명이고, 그 합계만으로도 6만 3,021명이 된다. 이 숫자는 러일전쟁 관계 야스쿠니신사 합사자 총수의 7할을 넘는다. 전사자 유족에 대한 일시하사금은 상등병 520엔, 일등졸병 470엔(전지에서의 병사자는 모두 반액), 과부에 대한 부조료(扶助料) 연 액수는 상등병 55엔, 일등졸병 50엔이었다.

이것을 장교와 비교해 보면, 일시하사금 · 과부 부조연액 순서로 소장이 5,000엔 · 1,050엔, 소령이 2,500엔 · 450엔, 소위가 1,100엔 · 180엔이다. 이 세 계급은 고급장교로서 비교적 전사자가 많았던 연대장, 장교 중에서 가장 전사자가 많았던 중대장(모두 전사 후 진급), 그리고 최하급 장교이다. 상하의 계급격차가 너무 커 놀라겠지만, 전몰자 대부분은 최저금액인 계급에 속해 있었다.

이와 같이 실제적으로 전몰자에 대한 취급의 소홀함, 즉 국가가 담당해야만 할 정치적 · 경제적 책임의 방기에 대해, 값싼 형식적인 존경만을 표하고 슬쩍 넘어가려 한다고 말할 수 있다. 즉 국가가 원래 개입해서는 안 되는 개인의 성역에 개입함으로써 행해진 내용이 위령과 현창의 행사이고 그 중심이 야스쿠니신사였다.

야스쿠니신사 예대제일(例大祭日)

청일전쟁 후와 비교해 러일전쟁 후 야스쿠니신사에 대한 국가 — 직접적으로는 군 — 의 취급이 크게 달라진다. 천황의 '친배'는 이미 서술한 임시대제 중 아직 전시중이었던 1905년을 제외하고 2번 행해졌다. 이 점은 청일전쟁 때와 같다. 개전 · 평화극복의 봉고제(奉告祭)에 칙사를 파견한 것은 청일전쟁 때에는 신궁만이었다. 러일전쟁의 개전 봉고제에 칙사를 파견한 것은 신궁과 야스쿠니신사였고 평화극복에서는 신궁에는 '친배', 봉고제에 칙사를 파견한 것은 관폐대사 12개사와 야스쿠니신사였다.

최대의 행사는 청일전쟁 때에는 행하지 않았던 개선관병식(凱旋觀兵式)과 개선관병식 후 참가 부대의 야스쿠니신사 공식참배였다. 도쿄에 주둔한 부대 전부와 전국 각지에서 파견된 대표 부대를 모아 행한 개선관병식은 식장에 세워진 군기만 하더라도 일본 군사사상 유례 없는 대행사였다. 이 '육군 개선관병식 요령세칙' 에 "개선관병식에 출장 또는 참례하는 군인은 야스쿠니신사에 참배한 자로 한다" 라고 규정되어 있었다. 군대의 공식참배로서는 이 역시 최대 규모였다(참배 실시는 1906년 5월 2일).

육군의 대부대에 의한 공식참배에 이어 해군은 1906년(육군 부대의 참배와 같은 5월 2일) 과 그 다음해의 임시대제 2회로 나누어 함대를 요코스카(橫須賀)항에 입항시켜 각 부대에 의한 공식참배를 행했다.

야스쿠니신사의 예대제(例大祭) 날은 초혼사 시대에는 몇 번에 걸쳐 변경되었다. 보신(戊辰)전쟁에서 '관군' 이 승리한 기념일(鳥羽伏見戰爭, 江戶上野戰爭, 會津降伏, 函館降伏)에, 세이난(西南)전쟁의 시로야마(城山) 함락일을 더하기도 했다. 야스쿠니신사라고 개칭한 이후 먼저 가을의 대제를 에쓰(會津) 항복기념일인 11월 6일로 하고, 봄의 대제를 그 6개월 앞인 5월 6일로 정했다. 이 예대제의 날은 일본 국내의 내란에서 '관군' 이 승리한 기념일로 시금 국민통합의 정신적 중핵이 된 야스쿠니신사의 대제일로서는 적합하지 않았다.

1917년 12월 3일(러시아 사회주의혁명 직후)에 이르러 예대제 날짜가 변경되었다. 봄의 예대제일은 4월 30일, 즉 러일전쟁 후의 육군 개선관병식이 행해진 기념일, 가을 예대제일은 10월 23일로 러일전쟁 후의 해군 개선관함식이 행해진 기념일로 정해졌다. 여기에서 야스쿠니신사 예대제일은 러일전쟁의 승리를 기념하고 천황이 전승한 대일본제국의 제국 육해군의 대원수로서의 위광을 내외에 과시한 기념일로 확정되었다.

1914년 칙령 제10호 '관국폐사 이하 제사령' 은 그 제2조에서 "왼쪽에 든 제사는 그것을 대제라고 하고 기넨사이(祈年祭), 니나메사이(新嘗祭), 레이사이(例祭), 센자사이(遷座祭), 린지호헤이사이(臨時奉幣祭祀), 전항의 외별격관폐사(外別格官弊社) 야스쿠니신사의 합사제는 이것을 대제로 한다" 라고 규정했다. 이로써 국가신도하의 신사 제사의 대제로서 합사제를 임시대제로 하는 야스쿠니신사에만 인정되는 특권이 확립되었다.

야스쿠니신사 '친배'

이미 서술한 바와 같이 메이지 천황의 야스쿠니신사 '친배' 는 초혼사 시대에 3회, 청일전쟁 후 임시대제 2회, 러일전쟁 후 임시대제 2회, 합계 7회였다.

초혼사 시대는 별도로 하고 청일전쟁 후, 러일전쟁 후 친배 때의 복장은 모두 육군식 통상 예복이고, 대원수 자격으로서의 '친배' 였다. 친배에 참열한 사람은 1906년의 경우, 황족, 친임관(親任官), 공작, 종일위훈이등(從一位勳二等) 및 육 · 해군성을 제외한 각 성의 칙임관총대(勅任官總代), 사향간지후총대(麝香間祗候總代),

금계간지후총대(錦鷄間祇候總代), 귀중양원(貴衆兩院) 각 의장 및 의원, 육 · 해군성을 제외한 각 성의 진임관총대(奏任官總代), 유위화족총대(有位華族總代)였다. 친임관(親任官)에는 총리대신 이하 각 대신을 포함하고, 제외되었던 육군성 · 해군성은 임시대제의 주재관청이다.

다이쇼(大正) 천황의 친배는 2회였다. 제1회는 1915년 4월 29일 제1차 세계대전 전사자 합사의 임시대제이다. 제2회는 1919년 5월 2일 야스쿠니신사 창건 50년제 때이다. 또한 1925년 4월 29일 제1차 세계대전과 그에 뒤이은 러시아혁명 간섭전쟁인 시베리아출병의 전몰자 합사의 임시대제에 다이쇼 천황의 섭정으로서 쇼와(昭和) 천황이 참배하였다.

쇼와 천황의 친배는 1929년 4월 26일 산동출병(山東出兵) 전몰자를 합사하는 임시대제가 최초이다. 제2회 친배는 1932년 4월 26일 만주사변 · 제1차 상해사변의 전몰자 합사 임시대제이다. 제3회가 다음해 4월 26일 같은 사변의 전몰자 합사의 임시대제이다. 이후 태평양전쟁 개시 전인 1941년 봄의 임시대제까지 총 12회의 친배가 행해지고 있다. 특히 중일전쟁이 본격화되기 시작한 이래 1938년 4월 26일에 중일전쟁 관계자를 합사하는 최초의 임시대제에 친배한 이후 매년 봄 · 가을의 임시대제에 친배가 행해지게 되었다. 이것은 태평양전쟁 개시 후에도 변하지 않았다.

봄 가을의 '친배'

중일전쟁 개시 후 임시대제에서의 야스쿠니신사 친배가 행해진 날짜는 다음과 같다.

(연도, 봄의 임시대제 친배 월일, 가을의 임시대제 친배 월일의 순)

1938년, 4월 26일, 10월 19일
1939년, 4월 25일, 10월 20일
1940년, 4월 25일, 10월 18일
1941년, 4월 25일, 10월 18일
1942년, 4월 25일, 10월 16일
1943년, 4월 24일, 10월 16일
1944년, 4월 25일, 10월 26일
1945년, 11월 20일

이상에서 최후의 공식참배인 패전 직후의 일회를 제외하고 모두 대원수 군복을 착용한 친배였다.

친배의 구체적인 형식에 대해서는 1938년 4월부터 1945년 1월까지 야스쿠니신사 궁사(宮司)직에 있었던 육군대장 스즈키(鈴木孝雄 : 패전시의 총리대신 · 육군대장 鈴木貫太郎의 친형)가 쓴 「야스쿠니신사에 대해서」(『偕行社記事』 特號(部外秘) 제805호, 1941년 10월)라는 제목의 문서에 소개되었다.

해행사(偕行社)는 육군 현역장교들의 클럽(전원 가입제)으로 그 기관지 『해행사기사(偕行社記事)』(월간)는 사실상 육군 현역장교단의 유일한 종합기관지였다. 특히 이 잡지 제799호부터는 연두빛 표지의 보통호 이외에 적색 표지의 『해행사기사특호(부외비)』(偕行社記事特號〈部外秘〉)를 같은 호수로 병행해 발간하기에 이르렀다. 『특호』는 표지 뒤쪽에 "본 해행사기사 특호는 비밀사항이 다수 수록되어 있는 관계상 방첩상 이것의 배포는 현직 장교에게만 한하는 것으로 이 보관과 취급에 신중을 기하여 이것이 항간에 유포되는 일이 없도록 특히 주의를 요한다"라고 기재되어 육군 현직(현역 및 소집중) 장교만이 볼 수 있는 것이었다. 따라서 거기서는 일반 국민의 눈을 피한 군의 본심이 논해지고 있었다.

육군성 · 해군성의 관리하에 있다고 하더라도 그 주된 일은 육군성에 위임되어 있는 야스쿠니신사에 대하여 육군대장인 현직의 궁사가 이와 같은 성격의 잡지에 쓴 것이기 때문에 이 「야스쿠니신사에 대해서」라는 글은 야스쿠니신사에 관해 공식 간행된 다른 문서보다 귀중한 진실을 전하고 있다.

영광의 궁(宮)

이 「야스쿠니신사에 대해서」가 친배의 형식을 소개하고 있다. 이에 의하면 천황의 '친배'가 행해질 때 대신(大臣) 이하 공봉(供奉) 전원은 모두 본전의 복도에 머무르고 천황은 시종장만을 데리고 본전에 들어가 무릎을 꿇고 절을 한다고 한다. 천황의 봉헌금은 궁사(宮詞)가 이것을 시종장에게 봉정하면 시종장은 이것을 천황에게 주고 천황은 그것을 손에 들고 정중하게 절을 한다. 상당히 긴 시간의 친배라고 한다. 그 후 봉헌금을 시종장에게 건네주고 시종장은 그것을 궁사에게 주면 궁사는 이것을 들고 계단을 올라가 신전에 놓는다는 것이다.

천황의 친배, 즉 공식참배는 이상과 같은 형식으로 행해졌다. 천황의 친배가 쇼와 시대에 들어와 급속히 늘어가는 것에 주목하지 않으면 안 된다. 메이지 시대 약 45년간 7회, 다이쇼 시대 약 15년간에 섭정으로서 참배를 포함하여 3회였던 것에 비해, 쇼와 시대에 들어 패전까지 약 20년이 채 못 되는 시대에 실로 20회의 친배가 행해지고 있다. 쇼와 천황의 시대가 전몰자를 얼마나 많이 대량으로 만들어 낸 시대였는가가 이 숫자로부터도 알 수 있을 것이다. 시기별 합사자 누계 수의 증가를 보면 다음과 같다.

메이지 시대의 합사자 수 : 11만 8,472명(『靖國神社誌』)

다이쇼 시대 말까지의 합사자 누계 : 12만 3,359명(『靖國神社忠魂誌』)

쇼와 시대 1941년까지의 합사자 누계 : 22만 3,789명(「靖國神社에 대해서」)

1983년 현재까지 : 246만여 명(「靖國神社의 槪要」)

패전 직후인 1945년 11월 20일 국가에 의해 최후의 임시대제가 행해져 전몰자 한 사람 한 사람에 대해 심사한 후 합사한다는 지금까지의 합사수속을 생략하고 전몰자 일괄합사라는 이례적인 합사가 행해졌다. 이때의 친배에서는 이미 무조건항복 후의 육해군이 주재한 임시대제였기 때문에 제주인 우메즈(梅津美治郎) 참모총장은 군복차림이었지만, 천황은 새로이 제정된 천황복 차림이었다.

그러나 이때까지의 친배는 군복을 착용한 친배이고 국가 최고의 제사자인 천황이 육해군의 대원수 자격으로 친배하는 형식이었다. 이 형식은 육군성 · 해군성이 선정한 '야스쿠니신사의 노래'가 "아아 대군이 공손히 절하는 영광의 궁 야스쿠니신사"라고 노래한 것과 같이 국민의 군국 정신을 고취하는 데 걸맞은 의식의 연출이었다.

인령(人靈)에서 신령(神靈)으로

야스쿠니신사 제사의 기원이 민간신앙에 속하는 어령신앙에 발단을 두었다는 것은 그 제사에 독특한 형식을 부여하게 되었다. 초혼제라는 형식이다. 스즈키의 「야스쿠니신사에 대해서」는 이 초혼제의 의의에 대해 말하고 있다.

> 이 초혼장에서의 제사는 인령을 그곳에 초빙한다. 이때는 사람의 영이다. 일단 그곳에서 합사의 봉고제를 행한다. 그렇게 하여 정전에 안치하게 되면 이때 비로소 신령이 되는 것이다. 이것을 잘 생각해 두어야 한다. 특히 유족들은 이것을 명심하여 언제까지 자기 자식이라고 생각해서는 안 된다. 자신의 아들이 아니라 신이라는 생각을 가지지 않으면 안 된다. 인령과 신령을 별도로 구별하지 않는 사고방식이 정신적인 면에서 여러 가지로 잘못된 행동양식을 만들어 내는 것이다.

야스쿠니신사의 관할 관청인 육군성 병무과장이 편찬부장이고, 사실상 육군 현역장교단의 '부외비(部外秘)' 기관지로 당시 야스쿠니신사의 궁사가 직접 쓴 문장이기 때문에 가장 권위 있는 발언으로서 받아들여도 좋다. 여기에서 궁사는 확실히 야스쿠니신사의 제신은 그 유족의 것이 아니라 국가에 귀속되는 것이라고 단언하고 있다. 초혼제는 고인의 영을 개인의 영으로서 또는 유족의 혈연의 영으로서가 아니라 국가신도하의 국가 제사의 대상으로서의 신령으로 전화시키는 의식이다. 전시중의 유행가로 불리던 '구단(九段)의 어머니' 라는 표현은 국민을 조롱하는 속임수에 불과하다. 야스쿠니신사의 공식견해에 의하면 유족이 제신(祭神)을 '자신의 아들' 이라고 생각하는 것은 '정신적인 면에서 잘못된 행동양식' 인 것이다.

더욱이 야스쿠니신사 제사는 인령을 제사지내는 의식이 아니고 어디까지나 종교적인 성격을 가진 신령을 제사지내는 종교 의례인 것이다. 이 점은 다른 재해나 사고에 의해 죽은 인령을 제사지내는 통상적인 위령제와 근본적으로 성격이 다른 제사이다.

스즈키의 「야스쿠니신사에 대해서」는 이 야스쿠니신사 제사의 본질에 관해 특히 유족에 대해 다음과 같이 경고하였다.

유족의 심리상태를 생각하면 아무래도 자기 일족이 신이 되었다고 생각하는 것 같다. 시종 나라를 지키고 계신다는 생각은 물론 있겠지만, 한편으로 친밀감이 가미되기 때문에 왠지 신 앞에서의 예배에도 신을 경외한다는 의식이 결여되어 있는 것같이 보인다. 한 예로서 제사를 지내고 있을 때에도 천연덕스럽게 이야기를 하고 있는가 하면 태도에도 삼가함이 없는 것같이 보인다. 신사에 참배할 때에는 어디까지나 마음으로부터 신을 향한다는 가장 엄숙하게 긴장하는 마음가짐과 경건한 태도로 해야 하는 것이다. 물론 전체가 다 그렇다는 것은 아니나 종종 불근신(不謹愼)한 태도가 보인다는 말이다. 그것은 확실히 자기 일족이 신이 되었다는 생각이 염두에 있기 때문이라고 여겨진다. 그러나 일단 여기에 모셔진 이상 이것은 나라의 수호신이라는 점을 다시 한 번 확실히 해 주기를 바란다.

야마토다마시(大和魂)

요약하자면 야스쿠니신사에 합사된다는 것은 고인의 의지 내지는 유족의 발언권을 완전히 부인하는 것으로 국가의 의지에 의해 고인의 영혼(靈魂), 즉 '영혼(英魂)'이 국가에 귀속되는 것을 의미했다. 유족이 유족으로서의 친애의 정을 표현하는 것조차 '나라의 신'에 대한 불근신으로 비난의 대상이 되었다. 스즈키 궁사는 결론으로 가장 중요한 것은 야스쿠니신사가 '한 나라의 제사'라는 점을 이야기했다.

예를 들면 전쟁터에 세워진 충령탑은 분묘와 동일한 취급을 받아야 한다고 한다. 유명한 여순의 백옥산(白玉山) 충령탑 등은 그 땅에서 전사한 군인의 유골을 일괄적으로 매장하여 전사자들을 현창하기 위해 세워진 것으로 그 본질은 확실히 분묘이다. 외국 무명전사의 묘와 얼마간은 닮은 데가 있지만, 전사자의 조국이 아니라 일본의 정복지에 세워졌다는 점에서 외국 무명전사의 묘와는 근본적으로 다르다. 그것은 단순한 분묘의 성격을 넘어 정복기념비로서의 의미를 가지기에 이르렀다. 그러나 스즈키 궁사가 여기서 강조하는 것은 분묘적 성격의 충령탑과 야스쿠니신사의 본질적인 차이이다.

야스쿠니신사가 전몰자를 제사지내는 유일한 '일국의 제사' 라는 것은 "야스쿠니의 정신이라고 말해야 할까, 야마토다마시의 존재라고 해야 할까 그것이 야스쿠니신사에 깃들어 있다" 는 것을 의미했다. "어디까지나 일본 국민의 정신, 환언하면 야마토다마시, 그것은 야스쿠니신사에 영원히 진좌해 있어 이것을 우리가 명심하면 국민으로서의 야마토다마시가 충분히 발휘되는 것이다" 라는 국민 정신교육의 정점, 정신적 국민통합의 중심으로서 야스쿠니신사는 자리매김되었다. 패전 전 천황이 절대자인 대일본제국에서 야스쿠니신사는 국민에게 천황을 위해 생명을 내던지는 정신인 야마토다마시를 불어넣기 위한 국가의 거대한 제전이었다.

이상은 야스쿠니신사 자신이 야스쿠니신사의 국가종교적 내지는 정치종교적 성격을 명백히 한 자료이다. 야스쿠니신사는 단순히, 일본 국민의 신교의 자유뿐만 아니라 사상의 자유를 구속할 명백한 목적으로 국가시설로서 유지되었고 이것에 대한 신앙이 국민에게 강제되어 왔다. 야스쿠니신사는 메이지 이래 일본의 국가종교인 국가신도 안에서도 특별히 중요한 지위를 차지하고 제국헌법 제28조에서 말하는 '국민의 의무' 라는 이름으로 국민의 사상 · 신교의 자유를 제약 내지 억압하는 최대의 종교시설 중 하나로서 계속 존재했다.

3. 교육과 군사적 측면에서의 야스쿠니

『국체의 본의』

국가신도가 국민생활의 여러 분야 특히 교육, 군사, 문화, 종교, 사상의 각 분야에 미친 영향은 이루 헤아릴 수 없을 정도였다.

특히 교육에 미친 영향은 패전 전 교육의 근본 이념을 내걸었던 교육칙어 자체가 국가신도 교의의 표명이라고 여겨진 만큼 가장 직접적이었다고 말해도 좋다. 그 전형적 양상은 1937년에 문부성이 편찬하여 배포한 『국체의 본의』, 1941년 문부성 외국(外局)인 교학국이 편찬하여 배포한 『신민의 길』에 특히 잘 나타나 있다.

『국체의 본의』는 그 서두에 "대일본제국은 만세일계(万世一系)의 천황이 황조의 신칙(神勅)을 받들어 영원히 이것을 통치해 주신다. 이것이 우리의 만고불변의 국체이다" 라고 하여 '천양무궁의 신칙' 을 들고 있다. 이에 근거하여 "즉 우리 국가의 정치는 위로는 황조 · 황종(皇宗)의 신령을 제사지내고 현인신(現人神)으로서 만민을 이끌어 주시는 천황이 통치해 주시는 것" 이라고 규정하고 있다. "천황은 천조대신의 자손이고 황조 · 황종의 후예이시다. 천황은 제사에 의해 황조 · 황종과 일체가 되시어 황조 · 황종의 정신에 응답하여 그 통치하시는 만백성을 자애롭게 길러 주신다. 따라서 교육도 그 근본은 제사 및 정치와 일치하는 것이어서 즉 제사와 정치와 교육은 각각의 일을 하면서도 그 귀속되는 곳은 완전히 하나이다" 라고 하여 국가신도와 교육이 완전히 일체라고 말하고 있다.

이 "우리 나라는 천조대신의 자손이신 천황을 중심으로 성립하였고" 라는 전제에서 "절대 순종은 자신을 버리고, 개인을 버리고 오직 천황에게 봉사하는 것이다. 이 충성의 도를 행하는 것이 우리 국민이 사는 유일한 길이요, 모든 힘의 원천이다. 따라서 천황을 위하여 신명을 바치는 것은, 자기 희생이 아니라 소아(小我)를 버리고 커다란 대의에 살며 국민으로서의 진실한 생명을 발양하는 것이다" 라는 결론에 도달했다. 더구나 "우리 나라의 신사는 예로부터 전해 내려온 제사의 정신 및 그 의식의 중심이 되어 왔다. 신사는 신의 길을 표현한 것으로 신에게 봉제(奉齊)하고 보본반시(報本反始)의 치성을 다하는 것이다" 고 하여, 신사야말로 제사와 정치와 교육의 근원이 일치하는 '보본반시의 치성을 다하는' 장소가 되었다.

국체 · 신도 · 이에(家)

문부성 외국(外局)인 교학국(1937년에 내국의 사상국을 개조)은 『국체의 본의』에 이어 『국체의 본의 해설총서』를 계속해서 간행했다. 그중에 『우리 국체와 신도』(1938년 간행)라는 책을 주목해 보자.

이 해설서에는 명확하게 "따라서 '교육에 관한 칙어' 는 진실로 우리 신의 길 내지는 황도로서의 신도의 내용을 나타내는 것으로 배찰(拜察 : 공손한 마음으로 살핌-역자주)할 수 있다"고 기술되어 있다. 물론 '배찰할 수 있다'는 표현은 칙어에 대한 경어로서 간접적 표현법을 사용한 것이고 논리로서는 단정적 표현으로서, 받아들여야 하는 성격을 나타낸 것이다. '교육칙어'야말로 국가신도 교의를 전개한 것으로 따라서 전전의 교육이념 그 자체가 국가신도의 교의에 근거한 것이었다.

『신민의 길』에 이르러서는 "경신숭조는 우리 생명의 근원에 대한 추종이고 가족을 중시하는 이유의 근본인데, 경신의 정신을 관통하는 것은 신을 통해 천황에게 회귀하여 봉사하는 데 있다"고 주장하며 "경신숭조의 정신을 소홀히 하는 가정의 자식 교육에는 혼이 결여되어 있다. 경신숭조는 그 자체가 자손의 번영과 발전과 연결된다. 이렇게 결혼은 가문의 존속 발전의 기초를 이루게 되고 부모 자식 관계는 결혼을 전제로 생긴다. 병행하여 우리 국가의 가정은 결코 부부 관계가 중심을 이루는 것이 아니라 부모 자식의 관계가 그 근본을 이루고 있다. 따라서 아내는 단순히 그 남편과 결혼하는 것에 그치지 않고 그 가문에 시집가는 것이다"고 하여 가부장적 가족관을 정면으로 강조하였다.

국가신도의 교의는 가정교육으로부터 가부장적 가족제도에 이르기까지 말하자면 국민의 모든 생활을 구속하는 규범으로서 구축된 것이었다. 여기에서 개인은 모두 이에(家)를 통해서 국가에 '귀일'해야만 하는 존재로 규정되어 독립된 개인의 존재는 일절 인정되지 않았다. 특히 여성은 이에(家)의 부속물로 여겨져 그 인격조차도 사회적으로 부정되었다.

국가신도와 정치의 관계에 대해 말하면, 정체(政體)로서의 제정일치의 실현은 좌절되었지만, 제국헌법과 국가신도가 일치된 이데올로기 체제로서 성립했다는 것은 이미 서술하였다. 이 이데올로기 체제가 정치제도화된 것이 소위 '국체' 였다.

'국체' 란 무엇인가

『헌법유언(憲法遺言)』의 저자 가나모리(金森德次郎)는 일본국헌법을 제정할 때 헌법개정을 담당한 국무대신이었다. 천황기관설의 입장에 선 헌법학자이며 또한 내각법제국 장관의 경력을 가진 실무관료였던 가나모리는 법률가로서 헌법심의 제국회의에서 답변에 나선 것이 실로 수천 회라는 경력이 말해 주듯 그의 '국체' 론은 경청할 만했다.

이 저서에서 기나모리는 "메이지헌법 아래에서 국민에게 습득내지는 명심토록 한 원칙에는 두세 가지의 중요한 요소가 포함되었다" 라고 하면서 '국체' 에 대해 논하고 있는데, 그 요점을 소개하면 다음과 같다.

가나모리는 일본 국민에게 가르쳐 명심하도록 주입된 대원칙의 첫째로 "일본 국가는 소위 불변의 원칙을 가지고 있는 나라다" 라는 사상을 들었다. 가나모리는 이 원리가 2천 몇 백 년의 역사를 가지고 발달하였고 그 근원은 종교적인 신화와 관련이 있으나 긴 역사의 흐름 속에서 국민의 사상은 이 원리에 근거해 완전히 통일된 것이라고 이해되어 왔다고 말한다. 그 이해는 일종의 환상에 불과했지만 이 근본 원리에 반항하는 자가 있다면, 단순히 사회적 힘에 의해 박해받을 뿐 아니라 사람의 도리로서 용서받을 수 없는 것으로 생각되었다. 이 근본 원리를 빼고는 일본이라는 나라를 이해할 수 없을 정도라고 생각되었다.

가나모리는 이러한 이해방식 그 자체에 의문을 던지고 "일반인의 입장에서 말하자면, 뭐라고 딱히 말하기 어려운 종교적인 원리가 마음을 지배하여 이 나라는 끝없이 행복한 운명을 짊어지고 영원히 번영할 것으로 생각되고 있었다" 라고 비웃는 투로 말한 후에, 패전이라는 현실에 직면한 국민에게 다시 한 번 '국체' 가 무엇인가라는 문제를 법률 문제로서 제기하고 있다.

가나모리는 말하기를 '국체' 라는 단어만큼 그 의미가 불분명한 말은 없다고 한다. 먼저 이 단어의 의미를 명백히 하지 않고는 논의가 한 걸음도 진척될 수 없다. 옛 문장에는 국체라는 단어가 문자 그대로 나라라는 토지의 형태를 의미로 사용된 적조차 있다. 예를 들면, 일본의 국체는 남북으로 길다라는 식으로 사용된 적도 있었다.

국체라는 단어가 특정한 의미를 가지고 사용되기 시작한 것은 메이지 시대 이후부터였다. 그 특정한 의미의 하나는 '교육칙어' 안에 사용된 국체라는 단어가 가진 의미이다. 이것은 문맥의 전후관계에서 판단하면 도덕적 관점으로부터 본 일본국의 근본 특색이라는 의미로 해석하지 않을 수 없다. 즉 '교육칙어' 에서 말하는 국체는 어디까지나 도덕적인 개념밖에 없었다.

가나모리는 이 도덕적 개념으로서의 국체를 법률적, 학문적 용어로서 사용하기 시작한 것은 메이지 시대의 법률학자 보즈미(穗積八束)였다고 말한다. 보즈미는 헌법학 학설의 우익적 조류를 형성하고 그 학설은 우에스기(上杉愼吉)에게 계승되어 도쿄대학의 헌법학에서, 미노베(美濃部達吉)의 천황기관설(天皇機關說)과 격렬한 대립 관계에 서게 되는데, 학문적으로는 천황기관설인 미노베 학설에 의해 압도당했다.

국체 입법

가나모리에 의하면 보즈미는 "국체에는 필히 다른 국가와 구별할 수 있는 근본 특색이 있다는 전제를 가지고, 이 근본 특색이 소멸하는 경우에는 그 나라 자체가 소멸한다는 결론"을 만들었다. 계속해서 그 나라의 근본 특색에 들어맞는 사회적 사실은 무엇인가라는 문제를 제기하면서, 보즈미 자신 그것은 통치권의 소재 문제라고 하고, 일본의 통치권은 천황에게 있다, 이것이야말로 일본국의 근본 특색, 즉 국체이고, 일본의 이 국체는 영원히 변하지 않는다고 설명했다. 보즈미의 주장은 학문상 하나의 학설에 불과한 것으로 당연히 법률적인 구속력은 없었다.

국체라는 단어가 법률상으로 등장한 것은 치안유지법이 최초이다. 그전까지는 법률용어로서 '조헌문란(朝憲紊亂)'이라는 용어가 있었다. '조헌'이라는 용어는 오래된 한자어인데, 의미는 '국체·국헌'과 같다. 애매한 용어이지만, 헌법의 범위 내에 속하는 용어였다. 국체라는 용어가 치안유지법에 사용되기에 이르러 비로소 초헌법적 개념이 법률용어가 되어 '국체를 변경한다'는 것은 천황의 통치권을 소멸시키는 것을 의미하게 되었다.

가나모리는 그러나 "천황 주권은 국가의 근본 특색이 아니다. 즉 국체의 실체가 아니었다고 냉정히 판단하지 않으면 안 될 것이다"라고 보즈미 학설이 오류임을 지적하였다. 가나모리는 "즉 치안유지법에 사용된 국체의 의미를 그대로 사용해 논의를 진행한다면 국체는 변혁되기도 하는 것이라고 말해도 틀린 것은 아니다"라고 결론을 내렸다.

천황기관설 논자인 가나모리의 국체론은 제국헌법에 대한 평가가 지나치게 관용적이라고 비판할 수도 있다. 그러나 역사적으로 보아 통치권의 소재가 천황에게 있는 것이 일본의 국체이고 천황의 통치권 소멸은 국가로서의 일본의 소멸을 의미한다는 주장은 실체가 없는 주장이라고 말하는 가나모리의 지적은 올바르다. 실체가 없는 관념을 실정법에 집어넣은 치안유지법은 희대의 악법이었다. 그 치안유지법이 1941년에 '국체의 부정'과 병행하여 '신궁 또는 황실의 존엄을 모독'한 죄를 신설했다는 것은 이미 서술하였다. 법률적으로도 국가신도의 모독은 '국체의 부정'과 동일한 차원으로, 일본 국민에게 최악의 범죄로 간주되었던 것이다.

물론 국가신도에 대한 죄는 이 개정치안유지법 이전부터 이미 형법의 '황실에 대한 죄' 안에 신궁에 대한 불경죄로서 존재하고 있었다. 형법 체계 안에서 국가신도에 대한 죄가 '황실에 대한 죄' 안에 포함되어 있다는 것 자체가 제국헌법하의 천황 통치권과 국가신도가 불가분의 관계였다는 것을 나타낸다. 단지 가나모리가 말하고 싶었던 것은 천황기관설이라는 입장에서 말하면 천황의 통치권이라고 해도 다른 헌법상의 규정과 같은 차원의 규정에 불과하나 치안유지법은 천황의 통치권을 초헌법적인 절대적 존재로 해버렸다는 점에 있었다.

충군애국 교육

국체라는 단어가 본래 도덕적인 용어로서 '교육칙어'에 등장한 이상 국체사상은 국민도덕의 교육 체계를 일관하는 중추로 여겨졌다.

전쟁 전의 국정교과서 특히 수신교과서에는 이 논리가 명백히 나타나 있었다. 전쟁 전의 국정교과서 중에는 다른 시기의 국정교과서와 비교해 초국가주의적 경향이 별로 강하지 않다고 여겨지는 제3기 국정수신교과서를 보아도 이 점을 잘 이해할 수 있다.

이 제3기 국정수신교과서는 각 권(각 학년) 마지막 부분이 1권 '착한 아이', 2권 '착한 어린이', 3권, 4권, 5권이 각각 '좋은 일본인', 6권이 '교육에 관한 칙어'로 이루어져 있다. 3권의 '좋은 일본인'은 "좋은 일본인이 되기 위해서는 늘 천황 폐하 · 황후 폐하의 덕을 우러르고 또 늘 황대신궁을 경외하며 충군애국의 마음을 일으키지 않으면 안 된다"라는 문장으로 시작한다. 여기에서 통치권자로서 천황, 국가신도의 정점에 위치한 신궁, 충군애국의 신민이라는 삼자 관계 설정이 단적으로 드러난다.

더구나 이들 수신교과서의 각 권에 공통된 하나의 패턴이 존재한다. 천황에 대한 기술 바로 뒤에는 필히 외정전쟁(外征戰爭)에서의 군인의 '충의' 가 등장하고 황후에 관한 기술 바로 뒤에는 내전에서의 충신이 등장하는 식이다.

1권에서는 '16. 천황 폐하 만세', '17. 기쿠치 고헤이는 적의 총알에 맞았지만 죽어도 입에서 나팔을 떼지 않았습니다', 2권에서는 '15. 천황 폐하', '16. 충의—러일전쟁 때의 히로세(廣瀨武夫) 해군 중령,—, 3권에서는 '1. 황후 폐하', '2. 충군애국'—세이난전쟁에서의 다니무라(谷村計介)—, 4권에는 '1. 메이지 천황', '2. 요시히사(能久) 친왕'—황족도 천황에게 충의를 다한 군인으로 묘사되었다—, 5권에는 '2. 황태후 폐하', '3. 충의—구스노키(楠木正成)—의 순서로 되어 있다.

수신교과서 속의 야스쿠니신사

이러한 배합 속에 국가신도에 관한 기술이 삽입되어 전체적으로 천황과 국가신도를 종합하여 충군애국이라는 결론을 끌어내게 편집되어 있었다.

3권에서는 '15. 구와우다이 신궁', '16. 축일', 4권에서는 '1 메이지 천황', '2. 요시히사 친왕' 에 이어 곧 바로 '3. 야스쿠니신사', '23. 축일, 대제일'—궁중제사에 관해 설명되어 있다—, 6권에는 '1. 황대신궁' 이다.

여기에서도 국가신도에 관한 교육상의 중점이 천황 권위의 원천인 궁중 제사 · 신궁, 신민 충절(忠節)의 극치인 야스쿠니신사에 수렴되어 있음을 알 수 있다. 야스쿠니신사에 관한 기술은 다음과 같다.

> 야스쿠니신사는 도쿄의 구단자카(九段坂) 위에 있습니다. 이 신사에는 천황을 위하여, 나라를 위하여 죽은 사람들을 제사지내고 있습니다. 봄(4월 30일)과 가을(10월 23일)의 제일(祭日)에는 칙사를 보내고 임시대제에는 천황과 황후 폐하가 직접 참석하시는 일도 있습니다.
>
> 천황을 위하여, 나라를 위하여 죽은 사람을 이렇게 신사에 모시고 정중하게 제사를 지내는 것은 천황 폐하의 뜻에 의한 것입니다. 우리들은 폐하의 은혜가 얼마나 깊으신가를 헤아려 여기에 모셔진 사람들을 본받아 천황을 위하여, 나라를 위하여 충성을 다하지 않으면 안 됩니다.

야스쿠니신사는 국정수신교과서 속에서 그 제신을 모범으로 하여 '충군애국'의 정신을 어린이들에게 주입시키는 교재로 여겼다. 황족인 기타시라가와미야(北白川宮)로부터 러일전쟁의 '군신(軍神)'인 히로세 중령, 일개 병졸에 불과한 청일전쟁의 기쿠치(木口小平)에 이르기까지 전사자가 최고의 궁중 제사자인 천황(곧 대원수)과 대치(對置)되고 신궁에 대치되는 것으로 야스쿠니신사에 수렴된다는 것이 국정교과서에 의한 수신과 교과구조였다. 국가신도의 체계 안에서도 천황과 국민의 관계를 직접 군사적으로 연결하기 위한 존재가 야스쿠니신사였다.

당연히, 야스쿠니신사의 제신을 최고의 도덕적 가치로 여기는 수신교과서의 사상에 대해서는 비판이 나왔다. 예를 들어 아무리 부도덕한 삶을 살았다 하더라도 천황을 위해 죽기만 한다면 그것이 최고의 도덕적 가치라는 사고방식은 다른 모든 도덕적 삶의 양식을 부정하는 것이 되기 때문이다. 비판을 한 것은 다이쇼민주주의 운동의 지도적 사상가인 요시노(吉野作造)였다.

군사시설로서의 야스쿠니신사

야스쿠니신사는 국가신도 체계 안에서도 특히 천황과 국민의 군사적 관계를 직접 표현하는 시설이었다. 그것은 야스쿠니신사가 다른 신사와 달리 신사이자 국가의 군사시설이었다는 성격에 근거한다. 야스쿠니신사는 단순히 신사 그 자체가 그렇다는 것뿐만 아니라, 그 부속시설, 경내를 이용한 시설 등을 포함하여 종합적 군사시설의 성격이 있었다.

부속시설로서의 유취관(遊就館 : 1881년 준공, 이후 수차에 걸쳐 증 · 개축), 국방관(國防館 : 1934년 개관)은 일본에서 유일하게 공개된 종합적인 국립군사박물관이었다. 이 박물관의 도검(刀劍) 진열장은 일본 최대이고 제신(祭神)이 된 전사자의 유품, 전리품인 병기, 각종 병기의 발달을 역사적으로 나타내는 전시 등은 국민에게 군사적 계몽시설로서 커다란 역할을 수행했다.

경내(境內)의 광범위한 면적은 군의 각종 외곽단체 시설터로서 대여되었다. 먼저 1877년에 육군 현역장교의 장교클럽인 해행사(偕

行社)의 본부건물 터로서 경내의 일부인 약 1,632평이 육군에 대여되었다. 해행사는 종종 육군중앙부의 공적인 회의에 사용되었다.

나아가 1904년에 애국부인회 본부건물 터로 사지(寺地) 약 969평이 애국부인회에 대여되었다. 애국부인회는 1901년 오쿠무라(奧村五白子)가 창립한 당시 일본에서 유일한 준군사적 단체로 당시 육군대신 지다마(兒玉源太郎)의 원조 아래 육군의 전 장교부인에게 가입을 권유하고 명예총재에 간인노미야코토히토(閑院宮戴仁) 친왕비, 회장에 공작부인 이와쿠라(岩倉久子), 사실상의 사무국장(회계감독)에 육군소장 사토(佐藤正)로 구성되었다.

그 제1, 제2회, 제4회 총회는 해행사에서 행해지고(제3회 총회는 간인노미야 저택(閑院宮邸))에서, 육군 군악대가 참가했다. 제4회 총회에는 황후가 임석했다. 제5회 총회는 아오야마(青山) 연병장에서 행해졌는데, 그 진행에는 보병 제3연대(이 연대가 속해 있던 제1사단 사단장은 간인노미야코토히토 친왕) 장교가 맡아, 신문에서는 공사를 혼동한 것이라 비판했다. 사토는 청일전쟁에 보병 제18연대장으로서 출정하여 평양전투에서 용맹을 날렸고 후에 부상을 입어 다리를 절단하고 군직에서 퇴직하여 궁중 고문관직에 있던 러일 전쟁 전의 국민적 명사 중 한 사람이었다.

더욱이 1928년에 제국재향군인회가 군인회관(현재의 九段會館)의 건설을 결정하자 그 터로 외원(外苑) 약 1,200평을 제국재향군인회에 대여했다. 군인회관은 완성 후 곧 일어난 1936년의 2 · 26 사건 때 계엄사령부로서 사용되었다. 건너편에는 헌병사령부가 있고 황궁이 가깝고 숙박시설이 완비되어 있는 등 편의가 고려되었을 것이다. 이러한 예를 보더라도 군인회관의 시설은 언제든지 순수한 군사시설로 전용 가능한 설비와 환경을 가진 준군사(準軍事) 시설이었다. 군인회관은 전후에 미군에 의해 접수되었으나 1953년에 정부는 일본유족회에 무상대여를 결정하고 1957년에 미군으로부터 반환받아 유족회에 인도하였다.

이와 같이 야스쿠니신사는 패전까지 신사 그 자체가 군사시설이었을 뿐만 아니라 그 부속시설 또는 경내지에 다수의 군사시설 · 준군사시설을 포함한 군사시설군(群)을 가지고 있었다. 현재 야스쿠니신사 경내에는 야스쿠니 거리 남쪽의 우시가후치 부속지(外苑)나 해행사 등의 각종 시설부지에 대여된 부분은 제외되어 있다.

제4장 마을의 야스쿠니 · 충혼비

1. 야스쿠니신사 · 호국신사 · 충혼비

재건된 충혼비

오사카부 미노시 시립 미노초등학교 터 일각에 충혼비가 세워져 있었다. 전쟁 전부터 있던 유물이다. 그것은 전후 1947년 3월 그 기대(基台)만 남기고 비석은 제거되어 땅속에 묻혔다.

충혼비가 재건된 것은 한국전쟁이 시작되어 일본이 재군비의 길을 걷기 시작한 1951년경이다. 비석을 파내 옛날과 똑같은 충혼비의 형태로 복원한 사람이 누구인가, 그 비용을 부담한 사람은 누구인가는 확실하지 않다. 미노시 유족회가 결성된 것은 그 다음해로 미노지구 지부 유족회가 충혼비 관리를 담당하게 되었고 유족회가 주최한 위령제가 원칙적으로 매년 이 충혼비 앞에서 행해지게 되었다.

미노시는 미노초등학교의 아동수가 증가하고 학교건물이 낡았기 때문에 증개축 계획을 세워 미노초등학교 부지 내에 있는 충혼비를 이전할 필요가 생겼다. 시는 당시 충혼비 소유자가 불명확했기 때문에 관리 청소를 담당하고 또한 위령제를 행해 온 미노지구지부 유족회를 상대로 교섭하여 1975년 1월부터 그 대표자와 절충한 결과 충혼비의 현 상태를 유지하고 나아가 비 앞에서 위령제를 행할 수 있을 만큼 넓은 면적을 확보한다라는 두 가지 조건으로 이전 합의가 성립하였다. 이전 장소는 미노시 토지개발공사 소유지를 시가 공사로부터 빌려 니시초등학교 임시운동장으로 사용하던 토지였다.

시는 충혼비 이전을 위해 니시초등학교의 임시운동장을 폐지하고 1975년 7월 10일자로 공사로부터 충혼비 이전용지를 7,882만 6,824엔에 사서 충혼비를 이전했다. 충혼비 터로 시가 공공비용으로 취득한 토지는 시가 충혼비의 소유자라고 인정한 유족회에 무상으로 대여되었다.

미노시의 충혼비는 1916년 4월경 제국재향군인회 사사야마(篠山)지부 미노마을 분회가 건립하였다. 비 표면의 '충혼비'라는 글자는 당시 제국재향군인회 부회장인 육군대장 후쿠시마(福島安正)의 글씨였다. 충혼비 이전공사에서 공사 전후에 시공업자는 제사를 행했는데, 유족회는 이전공사 개시 전 의식을 탈혼식(脫魂式), 이전공사 완성 후의 의식을 입혼식(入魂式)이라고 부르고 회원들을 여기에 참가시켰다.

충혼비는 높이 0.5미터의 절석적(切石積)에 둘러싸인 기단 위에 기대·대석(台石)의 높이 합계 3.8미터, 그 위에 높이 약 2.5미터의 비석이 치솟아 기단 위에서부터 높이 약 6.3미터가 되는 거대한 시설로 재건립되었다. 기단의 정면과 측면 앞부분은 옥울타리로 둘러서 측면 뒷부분과 뒷면은 크고 작은 상록수를 주로 심었다.

미노 충혼비의 큰 특징 중 하나는 정면 기대 가운데 '영새' 로서 전몰자 이름을 써 놓은 원반을 내장하고 그 존재를 나타내는 나무 기둥을 세워 두었다는 점이다. 미노지부 유족회는 충혼비 이전 후에도 매년 4월에 격년씩 교대로 신도식과 불교식으로 위령제를 행하고 있다. 위령제에는 시와 시교육위원회 직원이 참석하고 시와 시교육위원회의 시설(학교를 포함)을 제공했다.

미노 충혼비 위헌소송

여성을 중심으로 한 10명의 미노 시민이 원고가 되어 이 충혼비를 둘러싼 시의 일련의 시책을 헌법위반이라고 오사카 지방재판소에 소송을 제기한 것은 1976년 2월이었다.

소송은 두 개의 손해배상청구 행정소송으로 나뉘어 있다. 하나는 '운동장 일부 폐지 결정 무효확인 등 청구사건' ―원고측은 충혼비 불수거 위법확인 등 청구사건이라고 명명하였다―과 다른 하나는 그 다음해에 일으킨 '위령제 지출정지 청구사건' 이다.

전자는 충혼비 이전을 위해 토지를 시가 취득해서 무상대여한 것 그 자체가 헌법이 규정하고 있는 정교분리의 원칙(제20조, 제89조)을 위반하는, 법에 어긋난 재정지출이라는 취지의 소송이다. 후자는 시의 공무원이 공무로서 특정 종교행사인 위령제에 참석하거나 또는 시의 공적인 시설 · 설비를 제공한 것은 헌법을 위반하는 것이고 이 시간을 근무시간으로 간주하여 지불된 급여 등의 지출은 위법이라는 소송이다.

이 소송사건과 관계되어 더욱 중요한 법률 문제가 쟁점이 되었다. 현재 국민의 관심을 모으고 있는 정보공개의 문제이다. 시교육위원회 회의록 열람 · 복사를 요구하다가 거부당한 원고측이 시교육위원회를 상대로 하여 일으킨 '회의록 열람 · 복사 불허가 사건의 취소청구소송' 이다. 중요한 사건이지만 본서의 문맥과 약간 떨어져 있기 때문에 결론만 소개하면 원고측의 주장이 인정되었다는 것이다.

이상의 두 가지 사건을 일괄하여 미노 충혼비 위헌소송이라고 부른다. 이 소송의 또 하나의 특징은 소송을 일으킨 최초의 시기에는 재판의 상식으로 되어 있는 법률 전문가인 변호사가 없는, 민사소송에서 말하는 소송대리인 없이 비전문가인 소위 본인소송으로 시작되었다는 점이다. 재판 도중에 변호사가 소송대리인이라는 형태가 아니라 원고측에 참여라는 형식으로 가세하였다. 완전히 시민들의 노력에 의한 재판이었다.

두 개의 위헌판결

미노 충혼비 위헌소송 중 제1차 소송의 제1심 판결은 1982년 3월 24일 오사카 지방재판소에서 이루어졌다.

충혼비 이전을 위해 터로 전용된 니시초등학교의 임시운동장

용도폐지 결정 무효청구는 니시초등학교의 개축이 끝나 임시운동장이 필요없다는 이유로 각하되었다. 그러나 소송의 중요한 핵심인 충혼비 이전시 시가 지불한 토지구매 대금은 전액이 헌법에 위반되는 지출이라고 해서 지출 결정에 관여한 시장 및 시교육장에게 변제를 명하였다. 원고측의 완전승리라 해도 좋을 내용의 판결이었다.

야스쿠니신사의 국가호지법안(國家護持法案)이 정치적 쟁점으로서 커다란 문제가 된 이후 꽤 많은 세월이 지났다. 더구나 국가호지를 외치는 소리는 일본의 군사대국화와 비례해서 점차 커지고 있다. 전쟁 희생자를 또다시 내지 않겠다고 맹세한 패전 후 전몰자에 대한 그 맹세는 잊혀지려고 한다.

전쟁의 희생자를 '영령(英靈)'으로서 국가가 받들려고 할 때 그 배후에서 다시 '영령'이라는 이름의 전쟁 희생자가 만들어지지 않을 수 없는 상황이 재현되려는 것이다. 그러한 정세 아래에서 미노 충혼비 위헌소송(제1차) 판결이 갖는 의미는 크다.

미노 충혼비 위헌소송(제2차)의 제1심 판결은 1983년 3월 1일 오사카 지방재판소에서 열렸다. 시교육장이 1976년 신도식, 1977년 불교식 위령제에 근무시간 중에 출석하여 각각의 종교 의례에 근거해 예배를 행한 것에 대해 공무에 종사한 것으로 여겨 급여가 지불된 것은 위헌이므로 그 시간분의 급여 반환을 명하는 판결이었다.

다른 직원이 위령제 준비나 뒤처리에 참가한 것은 종교행사에 직접 참가한 것이라고는 인정되지 않고 충혼비 근처의 니시초등학교 교장이 학교시설 · 설비를 위령제에 사용하도록 제공한 것은 많아야 한 시간 정도이고 그 내용도 경미한 것이라는 이유로 손해배상에는 해당되지 않는다고 판결하였다. 시의 재산을 시장이 위령제를 위해 사용한 문제도 시의 제반 규칙에 의해 관리책임이 각각의 주무자에게 위임되어 있어 직접적으로 시장의 관리책임을 묻는 것은 불가능하다고 하였다.

소송의 최대 쟁점인 공무원이 직무로서 종교행사에 참석하는 것이 허락되는가 어떤가에 대해 확실히 위헌판결이 내려진 것이다. 대신 등의 야스쿠니신사 공식참배 문제에 관한 논의가 들끓고 있었기 때문에 재판소가 명확한 헌법판단을 내린 것은 중대한 의미가 있다. 미노 충혼비 위헌소송은 금후 오사카 고등재판소, 최고재판소에서 심리가 계속될 것이지만 제1심의 두 개의 위헌판결이 가진 비중은 크다.

'의견서' 제출

미노 충혼비 위헌소송에 필자는 원고측으로부터 '의견서' 제출을 요구받았다. '의견서' 는 갑제136호증으로서 재판소에 채용되었다. 그러나 필자는 증인으로 법정에는 나가지 않았다. 아마 피고측이 반대심문의 권리를 포기했던 모양이다. 판결 이유서에는 증거로서 인용되어 있다.

『미노 충혼비 위헌소송 뉴스』 제21호(1981년 12월)에는 필자의 '의견서' 가 9월 1일의 법정에 증거로서 제출되었는데, "이 의견서는 야스즈(安津) · 야나가와(柳川) 감정(鑑定)의 반증이 되어 무라카미(村上)·다카야나(高柳) 감정의 기초가 되었다"라고 적혀 있었다. 피고측이 야스즈(安津素彦)·야나가와(柳川啓一)이고 원고측이 무라카미(村上重良)·다카야나(高柳信一)로 각 감정증인(鑑定證人)이다. 원래 이와테(岩手)현 야스쿠니신사 위헌소송에서도 피고측은 증언에 선 필자에게 '의견서'의 내용에 대해서는 전혀 질문하지 않았다. 역사학상의 사실 관계에 관해서는 질문해도 피고측에게 불리한 답변만이 되돌아올 뿐이라고 판단하고 처음부터 반대질문의 기회를 흘려 버릴 생각이었을까.

'의견서'의 주제는 말할 것도 없이 충혼비의 종교적 성격과 일본국 헌법과의 관계에 대해서였다. 그러나 원고측은 헌법 문제에서는 이길 승산이 없다고 생각해서인지, 논점을 바꿔 지방자치법 제2조 제3항 제14호 '건조물, 회화, 예능, 사적, 명승지, 기타 문화재를 보호하고 또는 관리하는 것'을 들고 와, 후쿠시마(福島安正) 육군대장이 제자(題字)를 휘호로 내린 석비(石碑)는 문화재로서 지방자치법에 규정된 자치체에 의한 보호관리 대상이라고 주장하였다. 이 점에 대해서도 필자는 의견을 요구받았다.

이하의 기술은 오사카 지방재판소에 제출한 '의견서' 내용에 근거하여 전문을 고친 것이다. 따라서 제자(題字)를 쓴 군인에 대한 기술이 꽤 많은 부분을 차지하였다. 육군대장 후쿠시마와 같은 인물의 휘호를 '문화재'라고 강변하는 시 당국자의 정신상태가 무엇보다도 야스쿠니 문제의 본질을 드러내고 있다고 생각했기 때문이다.

전몰자에 대한 여러 시설

1945년 패전 당시에 존재했던 전몰자에 관한 시설을 크게 나누면 군대 소재지에 있는 육해군 기지 등을 별도로 하면 먼저 전쟁터에 건설되어 나중에는 국내에도 건설된 충령탑, 국가 차원의 야스쿠니신사, 지방 차원의 호국신사와 충혼비로 분류하는 것이 가능하다.

호국신사의 연혁에 대해 한 마디 한다면, 1901년 국비로 유지되는 관제(官祭) 초혼사 105개가 정해져(그 외에 사제〈私祭〉 초혼사 33개), 1939년에 이것을 호국신사로 고치고 도부현(道府縣)마다 각 한 개를 지정(指定) 호국신사로서 부현사(府縣社)에 준하고 다른 것을 지정외 호국신사로서 촌사(村社)에 준하게 하였다.

이 중에서 충령탑의 기원은 러일전쟁 후 여순의 백옥산, 이령산의 충령탑으로 대표되는 것같이 격전지에 산란된 유골을 모아 매장한 것이다. 후술하는 바와 같이 후에 국내에도 귀환 유골을 매장하는 시설의 건설운동이 추진되었다. 따라서 본래 그 성격은 분묘의 계보에 속한다.

1932년에 성립한 오에(大江素天) 작시 · 호리우치(堀內敬三) 작곡의 '만주행진곡' 의 가사 서두에 "지나간 러일의 싸움에 용사의 뼈를 묻었다. 충령탑을 우러러 보라" 라는 구절이 있다. 충령탑이 분묘적 성격이라는 것은 당시의 국민이 잘 알고 있는 사실이었다.

이미 말한 것과 같이 야스쿠니신사는 육군성 · 해군성에 속하고 그 통상임무에 관해서 해군성은 육군성에 일임하고 때때로 협의를 받는 형식으로 운영된 군사시설이었다. 야스쿠니신사는 1879년에 도쿄초혼사를 개칭하여 별격관폐사로 서열 매김하였다.

야스쿠니신사라고 개칭되기 이전에 각지에 초혼사가 창립되어 있었고 주로 막부 말기 · 메이지유신기의 '국사순난자(國事殉難者)'를 모시고 있었다. 그중 1876년까지 창립된 105사가 신찬료(神饌料) · 제사료(祭祀料) · 수선료(修繕料)를 국고에서 부여받는 관제초혼사이다. 그 외에 주로 1877년 이후에 창립된 사제(私祭) 초혼사가 있었다. 이들 초혼사는 1939년 3월에 모두 호국신사로 개칭되었다.

"1939년 3월에는 막부 말기 · 메이지유신기 각지에서 일어난 전쟁에서 쓰러진 사람들을 그 땅의 봉건영주가 제사지냈던 것, 즉 초혼사(약 150사)를 모두 호국신사로 개칭하고 부현사에 상당하는 것(지정 호국신사)과 촌사에 상당하는 것(지정외 호국신사)으로 분류하여 신직 및 신찬폐백료공진(神饌幣帛料供進)을 정했다"라고 『내무성사(內務省史)』 제2권에 기술되어 있다.

호국신사

이미 소개한 『해행사기사(偕行社記事)』 제805호 특호에 있는 야스쿠니신사의 궁사인 육군대장 스즈키(鈴木孝雄)의 「야스쿠니신사에 관해서」는 다음과 같이 말하고 있다.

> 호국신사는 지금의 규정에 의하면 종래 초혼사를 호국신사라고

고쳐 각 부현마다 한 개(2, 3개인 예외도 있으나)라고 정해져 있습니다. 이것은 내무성 관계로 야스쿠니신사와는 전혀 관계가 없지만 "호국신사의 제신은 야스쿠신사의 제신으로 한다"고 규정되어 있습니다. 그리고 제신은 그 원적(原籍)이 있는 곳으로 한다고 되어 있습니다. 예를 들면 아사히가와(旭川)의 호국신사입니다. 이들은 독자적으로 홋카이도(北海道) 출신뿐만 아니라 그 부대에서 전사한 사람들을 제사지내고 있습니다.

사무소관을 본다면 야스쿠니신사는 육군성 · 해군성, 원칙으로서 1도부현 1사의 지정 호국신사는 내무성 소관으로, 본사(本社) · 분사(分祠)라는 직접적인 상하 관계는 아니다. 그러나 "호국신사의 제신은 야스쿠니신사의 제신으로 한다"는 호국신사에 관한 규정으로 한다면, 도부현 호국신사는 그 도부현에 본적을 둔 야스쿠니신사의 제신을 총망라해 제사지내는(예외적으로 그 도부현 소재의 군대 소속자를 포함하는 것도 있다) 신사이다.

도부현의 호국신사는 실질적으로는 야스쿠니신사의 도부현 분사이다. 야스쿠니신사와 도부현 호국신사의 소관 차이는 그 성립 유래에 근거한 데 불과하다.

도쿄초혼사는 군무관(軍務官)에 의해 창립되어 군무관이 개조된 병부성, 병부성이 분립된 육군성 · 해군성에 의해 유지되어 왔다. 다른 신사는 신기관(神祇官)—신기성(神祇省)— 교부성(教部省)— 내무성 사사국(社寺局, 1877년 1월)—내무성 신사국(1900년 4월)— 내무성 외국신기원(外局神祇院, 1900년 4월)의 순으로 변천된 행정 관청 소관이 되어 왔다.

1879년 6월 도쿄초혼사가 야스쿠니신사로 개칭되어 별격관폐사로 열격된 기회에, 제식은 육군성 및 해군성, 유지관리의 경리는 육군성에 넘어 갔으나 신관(神官)의 진퇴는 내무성 전담이 되어 야스쿠니신사도 또한 내무성의 신사행정에 들어가게 되었다. 그러나 1887년 4월 각령(閣令) 제4호에 의한 신관제도의 신직제도로 개정될 때 야스쿠니신사의 궁사 이하의 임면(任免)은 다시 육군성 · 해군성 소관으로 복귀되었다.

한편 지방 초혼사는 일관되게 내무성 관할하에 있었다. 1900년의 신사국 설치 당시 내무성 관제의 소관사무는 '1. 신궁, 관국폐사, 부현향촌사, 초혼사 기타 모든 신사에 관한 사항' 으로 되어 있다. 이러한 유례에서 초혼사가 호국신사가 되고 그 제신이 그 지방 출신의 야스쿠니신사 제신과 일치하도록 규정되어 도부현 호국신사가 실질적으로 야스쿠니신사의 지방 분사가 된 후에도 그 소관은 야스쿠니신사가 육군성 · 해군성, 호국신사가 내무성으로 그 계통을 달리하기에 이른 것이었다.

충혼을 위로한다

야스쿠니신사 창립 취지에 대해 특히 강조되는 것은 다음 사항이다.

『야스쿠니신사지』 서언에는 "충혼을 위로하기 위해 신사를 세워 영구히 제사지내는 날로 충절을 뛰어나게 하라는 실로 송구스러운 배려에 의해 창건되어" 라고 되어 있다. 『야스쿠니신사충혼지

(靖國神社忠魂誌)』 전5권의 '본서 간행에 부쳐' 의 서두에는 "야스쿠니신사는 메이지 천황의 깊은 성은에 의해 창건된 신사입니다. 충혼을 위로하기 위해 신사를 세워 영구히 제사지내는 날로 충절을 뛰어나게 하라는 취지에 의해 당시 다야스다이(田安台)라고 칭하던 구단우에(九段上)에 도쿄초혼사를 세웠습니다" 라고 되어 있다. 「야스쿠니신사에 관해서」에는 "이 야스쿠니신사는 황실의 특별한 대우를 받고 있는 것으로 메이지 원년(1868년) 5월의 포고에 '충혼을 위로하기 위해 신사를 세워 영구히 제사지내는 날로 충절을 뛰어나게 하라' 는 성은이 망극한 취지를 받들어 이 신사는 만들어진 것이다" 라고 하였다(포고는 1868년 5월 10일).

어쨌든 "충혼을 위로한다" 는 제사 목적이 강조되었다.

1935년까지의 야스쿠니신사 제신의 명부를 내건 『야스쿠니신사충혼지』라는 책이름에서도 알 수 있는 바와 같이 야스쿠니신사의 제신 그 자체가 '충혼' 이고 그 제사는 "충혼을 위로한다" 는 것을 목적으로 하였다. 즉 '충혼' 이라는 말은 야스쿠니신사 제사와 결부되어 있던 고유한 용어인 것이다. 그 '충혼' 을 제사의 대상인 '신령' 으로 전화하기 위한 종교적 수속이 '초혼' 이라는 종교적 의례이다.

「야스쿠니신사에 관해서」는 야스쿠니신사에 고유한 시설로서 '초혼장' 이 있어 "그 초혼장에서의 제사는 인령을 그곳으로 불러내는 것이다. 그때는 아직 인령이다. 일단 그곳에서 제사의 봉고제를 드린다. 그리해서 정전에 안치되면 비로소 처음으로 신령이 되는 것이다" 라고 하여 사람의 영에서 신의 영으로 전화하는 의례적 수속을 설명하고 있다.

위령이라는 말은 일본에서 종종 사용되고 있다. 사고나 재해로 죽은 사람들에 대한 위령제는 현재에도 각지에서 성행하고 있다. 사람들만이 대상이 아니고 사람들에게 유용한 일을 하다 죽은 동물에 대한 위령제조차 행해지고 있다. 또한 위령제 행사와 병행하여 위령비의 건설도 이루어지고 있다. 그러나 이들 위령과 야스쿠니신사 제사에서의 "충혼을 위로한다"는 것과는 질적으로 그 성격이 전혀 다르다.

사람을 신으로 모신다

일반적인 위령과는 달리 야스쿠니신사의 '위령'은 '초혼' 의식을 거쳐 '신령'이 된 '충혼'을 위로하는 것이다. 그 외 다른 일반의 위령 대상이 되는 영은 아무리 위령제에 의해 제사지내져도 그것은 어디까지나 인간의 영으로 결코 신의 영이 되지 않는다.

사람이 신으로 바뀔 수 있는 것은 극히 드문 것으로 특수한 경우를 제외하고는 '초혼' 의식을 거쳐 야스쿠니신사에 합사되는 것에 의해서만 가능한 것으로 여겨지고 있다. 메이지 시대 이후의 국가신도 이래 신사신도의 교의에 의거하여 종교 사상상 신이라는 개념에 비추어 말하면 그렇게 된다.

기독교나 이슬람교 등 일신교 사상에서는 사람이 신이 되는 것은 있을 수 없고 불교에서는 성불이라는 사상은 있으나 죽은 사람이 신이 된다는 사상은 없다. 어디까지나 신사신도의 고유한 사상이다.

민간신앙으로서의 어령신앙에서는 원령이 신으로 바뀐다는 사상은 있었으나 국가신도의 확립 이래 사람이 신으로 모셔지는 것은 극히 예외적인 경우를 제외하고 '충혼'으로서 야스쿠니신사에 합사되는 것에 의해서만 가능하였다. 역으로 말하면 야스쿠니신사에 합사되는 것이 '충혼'이다, 즉 신령인 것이 증명되었다.

야스쿠니신사·'충혼'·'초혼'은 이러한 논리적 관련을 가지고 있다. '충혼'·'초혼'이라는 말은 단순히 죽은 자의 영혼을 표현하는 보통명사가 아니라 야스쿠니신사 제사라는 고유한 교의 및 종교적 의식과 결합된 특정 종교에 속하는 용어이다. 따라서 충혼비, 초혼비 등의 용어는 일반적인 위령비와는 달리 야스쿠니신사 제사와 불가분의 관계에 있는 종교적 시설을 의미하는 것이다.

2. 충혼비와 초혼제

충혼비

『야스쿠니신사충혼지』에는 '지방 초혼사, 충혼비 및 분묘'의 사진 130개가 게재되어 있다. 물론 전국에 건설되어 있는 이런 종류의 시설 중 극히 일부분이 게재되어 있는 것에 불과하다. 그러나 일단 통계적 분석의 대상으로 삼기에 결코 적은 숫자는 아니다.

130개의 내역을 살펴보면, 지방 초혼사 48개, 충혼비 및 이와 유사한 시설 70개, 이들 어디에도 속하지 않는 분묘가 12개이다.

후에 호국신사가 되는 지방 초혼사 48개의 내역은 관제 초혼사라는 명칭을 가진 것 14개, 현 초혼사라는 명칭을 가진 것 9개, 군이나 시의 이름이 주어진 것 17개, 마을의 이름이 주어진 것 8개로 압도적으로 군이나 시 차원 이상인 것이 많다.

한편 충혼비 및 이와 유사한 시설 70개의 명칭별 내역은 충혼비 53개, 충혼당 4개, 충혼사 1개로 충혼의 명칭을 가진 것이 합계 58개, 초혼비 3개, 초혼당 2개로 초혼의 명칭을 가진 것이 합계 5, 이상 합계 63개이다. 그 외는 진충비(盡忠碑) 1개, 현충비 1개, 표충비(表忠碑) 4개, 송충비(頌忠碑) 1개로 모두 '충(충혼 내지는 충절)'을 칭송하는 의미의 명칭을 가지고 있다(말할 필요도 없이 '충절'은 '군인칙론'에 게재된 5개조 덕목의 맨 앞에 들어 있다). 이들 70개의 시설이 충혼비 분류에 속해 있고 그 대부분은 충혼비의 명칭을 가지고 있다.

이들 70개 충혼비의 규모별 내역은 현(縣) 충혼비 1개, 군이나 시 이름이 주어진 것이 15개, 마을 이름이 주어진 것이 54개로 압도적으로 마을 규모가 많다. 말하자면 현 내지 군이나 시 차원의 초혼사에 대해서 마을 차원의 충혼비라는 배치상황이 명확해졌다.

뒤에서 보는 바와 같이 충혼비 건설은 러일전쟁 직후부터 전국 각지에서 성행하게 되었다. 국가의 야스쿠니신사를 중심으로 현 내지는 군이나 시 차원의 초혼사, 마을 차원의 충혼비라는 형태의 피라미드 구조가 러일전쟁 직후부터 형성되기 시작한 것을 알 수 있다. 그 의미에서도 충혼비는 '마을의 야스쿠니'였던 것이다.

충혼비의 건설 주체

러일전쟁 직후의 충혼비 건설 주체를 총망라한 지방자료인 나가노(長野)현 편의 『메이지삽칠팔년나가노현시국사(明治卅七八年長野縣時局史)』에 의거해 보면 다양하다.

예를 들면 하니시나(埴科)군에서는 "전사자 표창은 그 목적을 가지고 설치하는 공원 및 하니우(埴生) 마을 기념공원에서의 러일전몰충혼비 외에 각 마을마다 충혼비를 건설하고" 라고 되어 있어 군이나 마을이 주체가 되고 있다. 또 시모미노치(下水內)군에서는 "시모미노치군 상무회(尙武會)는 전병사자(戰病死者) 표창의 목적으로 1,500엔을 내어 군(郡) 중앙에 있는 이야마(飯山)마을의 시로야마(城山)에 충혼비 건설을 결정하다" 라고 군인후원 단체가 주체가 되었다.

나아가 "시모타카이(下高井)군 미즈보(瑞穗) 마을 가시오(柏尾) 초등학교 교장 고바야시(小林兼治)는 시국에 감격하여 가쿠호쿠(岳北) 충혼비 건설을 발의하여 공무 중 여가에 이를 위해 진력하여 동분서주하며 거의 침식을 잊을 정도였다. 가쿠호쿠의 사람들이 이에 감동하여 그를 도와 이 쾌거를 완성하다" 라고, 지방의 명망가 유지가 주체가 된 곳도 보인다.

충혼비 건설 주체는 러일전쟁 직후에는 이렇게 다양하였으나 1910년 제국재향군인회가 결성되면서부터 재향군인회의 각 마을 분회가 건설 주체가 된 것이 많다.

예를 들면 이바라키(茨城)현 가쓰다(勝田)시가 간행한 『가쓰다시사료 6 마에와타리(前渡) 향토지 · 사노(佐野) 향토지』에 의하면, 나카(那珂)군 마에와타리마을의 재향군인회 항(項)에 "1929년 3월 10일 충혼비를 완성했다. 이날 제막식을 거행하여 전병사자의 위령제를 했다"고 충혼비 건설 주체가 재향군인회 분회였음이 기록되어 있다. 제국재향군인회 기관지 『전우』를 보면 그 '지부분회소식' 란에 전국 각지의 재향군인회 분회가 충혼비를 열심히 건설한 구체적인 예가 기사로 게재되어 있다.

초혼제

충혼비를 완성할 때 위의 마에와타리마을에서는 위령제를 했으나, 일반적으로는 초혼제를 행한 예가 많다.

이미 말한 나가노현의 시모타카이군 가쿠호쿠 충혼비를 세울 때는 "1906년 11월 16일 장엄한 제막식 및 충혼제를 거행하고 (중략) 매년 5월 16일 충혼제를 집행한다"라고 기록되어 있다. 나아가 『나가노현시국사(長野縣時局史)』의 시모타가이(下高井)군 항에는 군내의 각 마을 중 충혼비 준공일(1906년 말 현재)에 초혼제를 행한 것이 명기되어 있는 마을은 다카호(高甫)마을 충혼비 3월 30일, 니레(仁禮)마을 충혼비 4월 3일, 오부세(小布施)마을 충혼비 10월 21일이다.

제국재향군인회의 기관지 『전우』는 다이쇼 시대에 들어가면 '지부분회소식' 란을 확충하고 각지의 지부분회의 동향 소개에 힘쓰게 되었다. 다이쇼 시대 초기 약 1년간 '소식' 란만 보아도 각지의 재향군인회 분회에 의해 충혼비가 착착 건설되고 준공시 초혼제가 행해지고 있었다는 사실을 알 수 있다.

1913년 7월호

- 센다이(仙台) 지부의 나카아쿠쓰(中坏) 분회에서는 과거에 전몰한 전병사자 충혼비 건설의 뜻을 모으다가 (중략) 건설을 시작해 작년 겨울 12월 초순 건비식 겸 초혼제를 행하다.

1913년 8월호

- 고후(甲府) 지부 히가시하타노(東奏野) 분회는 얼마 전부터 전병사자 충혼비 건설에 착수해 5월 1일 준공함에 제막식 및 충혼제를 거행하고 당일 유족을 비롯해 마을의 남녀노소가 참배하여 그 수가 약 5~6천 명이었다고 한다.

1913년 11월호

- 아사히가와(旭川) 지부의 각 분회에서 9월중 특수사업은 다음과 같다. 겐부치(劍淵)마을 분회 8월 15일 충혼비 제막식 및 초혼제를 시행. 센보시(仙法師)마을 분회 9월 10일 충혼비 제막식 및 초혼제 시행.
- 야마카타(山形) 지부 가나이(金井)마을 분회는 8월 27일 충혼비 제작식을 겸해 초혼제를 거행하다.

1914년 4월호

- 사쿠라(佐倉) 지부 네사토(根鄕)마을 분회는 1월 25일 충혼비 제막식 및 전병사자 제전(祭典). 소로(曾呂)마을 분회도 마찬가지.

1914년 6월호

- 후쿠지야마(福知山) 지부 미나미야(南谷)마을 분회는 3월 10일 충혼비 제막식 및 초혼제.

- 사카이(堺) 지부 기노시마(木島)마을 분회는 3월 21일 충혼비 제막식 및 초혼제를 행하다.

1914년 8월호

- 고베(神戸) 지부 오시오(大鹽)마을 분회는 6월 1일 충혼비 제막식 및 초혼제를 행하다.

이상은 충혼비 준공시의 초혼제에 관한 기록만으로 그 외에도 예년의 초혼제 실시 기사가 다수 실려 있다. 그러나 모두 거행 장소가 기록되어 있지 않기 때문에 충혼비와의 관계를 알 수는 없다.

아마 충혼비 앞에서 행해진 것으로 추측할 수 있다. 왜냐하면 매년 초혼제를 행하고 그 보고를 본부에 보낼 정도의 조직력을 갖고 있는 분회라면 이미 충혼비 건설을 끝냈을 것이라고 생각하지 않을 수 없기 때문이다.

이 추측을 방증하는 것으로서 『전우』 1920년 8월호에 실린 사진 '구마타니(熊谷) 지부 나구리(名栗) 분회 초혼제' 가 있다. 이것은 충혼비를 주체로 한 초혼제 사진으로 충혼비가 신도에 근거한 제사의 대상으로 여겨진 것을 나타내고 있다.

제자(題字)

충혼비에 글을 쓴 사람은 대장계급인 군인이 다수를 점하고 있다.

일반적으로 러일전쟁 직후에 건설된 충혼비 글씨는 러일전쟁중에 그 지방 출신 병사들 소속 부대의 군사령관 또는 사단장이었던 장군이 쓴 것이 많은 것 같다.

예를 들면 『나가노현시국사』에 의하면, 1906년에 건설된 충혼비의 글씨는 거의 모두 육군대장 노기(乃木希典)의 염필(染筆)이라고 기록되어 있다. 그 이유는 나가노현이 제1사관(師管)에 속하고 이 지방 출신 병사의 대부분이 제1사단 및 제1사단이 편성을 맡았던 후비보병(後備步兵) 제1여단에 소속되었고 이 두 부대 모두 노기대장이 군사령관이었던 제3군 예속하에 있었다는 데 기인한다.

곳에 따라서는 향토 출신 대장 계급인 군인에게 글씨를 의뢰하는 경우도 있다. 쇼와 시대가 되어 건설된 새로운 충혼비에 이런 종류가 많다. 가고시마(鹿兒島), 사쓰마(薩摩) · 야마쿠치(山口), 조슈(長州)의 봉건영주 출신 이외에 전국 각지 출신의 대장이 탄생하기 시작한 이후다.

예를 들면 후쿠이(福井)현에서는 쇼와 시대 해군 군령부장으로 그 지방 출신의 해군대장 가토(加藤寬治)의 염필이 꽤 많이 보인다. 필자가 유년기를 보낸 오이타시(大分市)의 가스카(春日) 공원 내에 건설되어 있었던 충혼비는 만주사변 발발 당시의 참모총장이었던 그 지방 출신 육군대장 가나야(金谷範三)의 글씨였다고 기억한다.

제국재향군인회가 결성된 이래 충혼비 건설 주체의 대부분이 각지의 재향군인회 분회였기 때문에 전국적으로 많이 보이는 충혼비 제자(題字)의 필자는 충혼비 건설 당시의 제국재향군인회 회장이나 부회장이었던 육군대장이다.

재향군인회의 임원들

제국재향군인회의 초대 회장은 창립 당시의 육군 대신 데라우치(寺內正毅)이다. 데라우치가 1918년 11월에 병사한 후 2대 회장은 1926년 2월까지 육군의 장로인 원수 가와무라(川村景明), 이후 1931년 8월까지 이치노헤(一戶兵衛), 1937년 2월까지 스즈키(鈴木莊六), 패전까지 이노우에(井上幾太郎)로 이어졌다.

단 초대 회장 데라우치는 현직 육군 대신과 조선총독을 겸임하다가 후에 조선총독으로 전임, 조선총독으로부터 다시 내각 총리대신이 되어 내각 총사직 후 약 1개월여 만에 죽었다. 따라서 회무를 볼 시간이 거의 없었다. 데라우치 회장 시대인 1914년 10월 제국재향군인회는 육군만의 조직에서 육해군 공통의 조직이 되어 다음해 11월 칙어 및 내탕금(內帑金) 10만 엔을 하사받았고 사회적 권위가 비약적으로 높아졌다. 이것을 기회로 새롭게 부회장을 두어 실질적인 회장 대행을 담당하였다. 이때 부회장이 된 사람이 후쿠시마(福島安正)였다.

따라서 전국의 충혼비 제자의 염필자에는 데라우치, 후쿠시마, 가와무라, 이치노헤 등의 대장 이름이 다른 사람과 비교해 꽤 많다. 『전우』, 『야스쿠니신사충혼지』에 수록되어 있는 충혼비 사진 대부분은 크기가 작고 인쇄가 선명하지 않아 필자의 이름을 읽을 수가 없다. 필자 이름을 읽을 수 있었던 것으로는 아오모리(青森)현 쓰가루(津輕) 지방의 충혼비에 그 지방 출신의 이치노헤가 많은 것을 별도로 하면, 완전히 지연 관계가 없는 것으로는 효고(兵庫)현 오쿠사쓰(奧佐津)마을 분회의 충혼비, 같은 현의 오쿠요시가와(奧吉川)마을의 충혼비는 모두 데라우치, 지바(千葉) 신사표충비는 이치노헤, 후쿠이(福井)현 미야가와(宮川)마을 충혼비는 후쿠시마라고 필자의 이름을 읽을 수 있다.

충혼비 제자의 필자들은 전체적으로 위와 같은 경향이 있다. 따라서 러일전쟁 직후는 러일전쟁 군사령관 · 사단장 등이 많고, 쇼와 시대의 만주사변 직후부터는 향토 출신의 대장이 포함되었지만, 데라우치, 후쿠시마, 이치노헤 등의 글씨가 가장 많다고 할 수 있다.

후쿠시마는 일본 육군에서는 매우 특이한 존재였다. 문관으로부터 장교로 전직해 장교로서 한 번도 정규 군대 지휘관으로서의 경험을 가지지 않고 평생 정보 장교로서 한 길을 걸어 육군대장까지 오른 최초의 인물이었다. 말하자면 메이지 시대 일본 육군의 뒤안길만을 걸은 유일한 인물이라 말해도 좋다.

현실적으로 그와 같은 인물을 당시의 일본 육군이 필요로 하고 그 면에서 후쿠시마가 유능했다는 것을 인정한다 하더라도, 소위 메이지 일본의 추한 측면을 대표하는 인물의 필적을 그가 육군대장이었다는 직함을 이유로 문화재 보호대상이라고 강변하는 것은 인정할 수 없다는 주장일 것이다.

충혼비의 공적 시설화

충혼비의 주요한 건설 주체이고 소유 · 관리 · 제사주제의 주체는 제국재향군인회의 각지 지부 분회였다. 제국재향군인회는 국민개병이라는 징병제 아래에서, 예비역 후비역 퇴역장교 · 상당관(相當官), 예후비역하사졸(豫後備役下士卒), 귀휴병(歸休兵), 제1보충병, 해군 예비원, 제1국민병역에 있는 자 및 6주간(단기) 현역을 끝내고 제2국민병역에 있는 자(사범학교를 졸업하여 의무교육 즉, 소학교 교사직에 종사하고 있는 자)를 강제 가입시켜 정회원으로 하고 일부 현역 장교 · 상당관을 특별회원으로 하여 육군 대신 및 해군 대신의 감독하에 있는 군사조직이다.

그 사업 중에는 공교육기관인 '청년훈련소(후에 청년학교로 개조)의 훈련을 돕고', 또한 민경적(民警的) 기능에 속하는 '공안의 유지' 및 '전역사망자(戰役死亡者) 및 공무에 기인하는 사망자의 제전을 돕고'라는 한 항목을 포함하고 있었다(1930년 3월 개정규약). 반공적(半公的) 성격의 군사조직이었지만 청년훈련소(청년학교)라는 공교육기관의 설치에 관한 법규에 교육의 '지도원' 자격으로서 '재향군인'의 명칭이 명기되어 있었다.

재정 측면에서는 창립 직후부터 각 분회가 점차 시나 마을의 보조금을 교부받게 되었으나, 1927년 이후 국고 보조금을 교부받게 되었다. 이 조치는 전년의 청년훈련소령 제정에 의한 교육지도기관화 대신 취해진 조치였다. 임원인 각 지부장에게는 현역 장교인 연대(聯隊) 사령관(통상 육군대령)이 취임했다. 1936년 9월 제국재향군인회령(칙령)이 공포되어 그 조직의 성격은 공적 단체가 되었다. 여기에서 재향군인회가 건설하고 소유자가 되어 관리하고 초혼제를 주재해 온 충혼비도 또한 공적 단체로서의 군사조직이 소유 · 관리하고 제사를 주재하는 대상이 되었다.

위에서 살펴본 내용을 결론짓는다면, 충혼비는 국가 차원의 야스쿠니신사와 동일하게 공적인 군사조직이 소유하는 공적인 제사의 대상이었고 초혼제라는 야스쿠니신사 제사에 고유한 종교 의식의 대상인 종교시설이었다고 할 수 있다.

제국재향군인회는 패전 직후인 1945년 8월 30일에 해산되고 제국재향군인회령은 같은 해 11월 25일에 폐지되었다. 그 본부 재산은 환수되고 충혼탑 · 충혼비 등에 대해서는 다음해 1월 27일에 철거 통첩이 내무성으로부터 내려졌다.

따라서 미노시와 같이 재건 주체 불명이라는 애매한 상태에서 철거된 충혼비를 공유지에 재건하는 것을 묵과한 것 자체가 공유지의 불법점령을 묵인한 것을 의미하는 것으로 시의 법적 과실에 속하는 것이라고 할 수 있다. 더구나 이 불법적인 기성사실을 묵인한 데다, 이것을 나중에 결성된 미노지구 지부 유족회(미노시 유족회의 결성은 1952년경)의 관리 · 사용권(소유권자 불명) 아래 있는 것이라고 인정하고 그 요구에 근거하여 이전을 위해 공유지를 취득해서 이를 무상 제공한 것은 시장의 직무상의 의무를 위반한 행위였다.

충혼비와 충령탑의 차이

미노지구의 충혼비는 이미 이전하기 전인 1966년경 비의 정면 기대 중에 '영새'(靈璽 : 어령대〈御靈代〉 즉 신체를 의미하는 단어)

로서 전몰자의 이름을 써놓은 얇은 원반을 넣어 그 존재를 나타내는 나무기둥을 세워놓았다. 이것은 명확하게 야스쿠니신사의 신체 형식을 답습한 것이다.

『야스쿠니신사지』에 의하면, 신사의 "어령대는 신검(神劍) 및 신경(神鏡)에 계시고 (중략) 내전의 좌우의 영상(靈床)에 부영새(副靈璽)로서 관위성분(官位姓分)을 열거해 적어 놓은 두루마기 첩책을 봉안한다" 라고 되어 있다. 미노 충혼비의 경우 전몰자 이름을 쓴 얇은 원반을 야스쿠니신사의 '신경' 과 제신 명부를 겸한 '영새', 즉 어령대에서 보고 따른 것으로 야스쿠니신사의 신체와 동일한 형식을 택했다.

신문보도에 의하면 1983년 10월 24일 에히메(愛媛)현 이야(伊豫)시의 시민이 "전몰자를 추모하는 충령탑의 부지로 시가 소유한 땅을 무상으로 빌려 관리 유지에 임하고 있는 충령탑 봉찬회에 공비로부터 한 해에 12만 엔의 조성비를 지출한 것은 정교분리의 원칙에 위반하는 것으로서" 시장을 상대로 조성금의 반환 등을 요구하는 주민소송을 마쓰야마(松山) 지방재판소에 제기했다. 문제의 충령탑은 철골 콘크리트제의 높이 11미터의 탑 안에 시 출신 전몰자 명부가 수습되어 매년 5월에 이야시 충령탑 봉찬회가 주제하여 신직(神職)을 제주로 한 대제(大祭)를 행하고 있다고 한다.

보도에서 신경이 쓰이는 것은 고소장 중에 제소자는 "충령탑은 일종의 분묘. 이것을 예배하는 행위는 종교 행위" 라고 주장한다는 구절이다. '충령탑은 일종의 분묘' 라고 하는 것은 패전 전 충령탑에 관한 개념으로 이 경우 충령탑의 내부에는 전몰자의 유골이 매장되어 있는 것을 전제로 한다.

이것은 1939년 2월 육군성이 낸 전몰자 개인의 묘지에 관한 지시의 내용—"개인 묘지에 대해서는 군이 관여할 바 아니나 유가족들이 신분에 상응하지 않는 묘비 등을 건설하는 등의 일이 없도록 전몰자의 장상(葬喪)에 의한 영구한 명예는 충령탑 및 육해군 묘지 합장탑에 의하도록 지도할 것"—에서도 분명하다.

그 해 7월 7일 중일전쟁 개시 2주년을 기념하여 재단법인 영령현창회(英靈顯彰會)가 설립되어 명예회장에 당시의 총리대신 히라누마(平沼騏一郎), 회장에 육군대장 히시카리(菱刈隆)가 취임하고 국민의 손으로 충령탑을 일본 국내에는 각 시와 마을에 한 개씩, 국외에는 주요한 전쟁터에 건설하도록 운동을 펼쳤다.

충령탑 형식은 일반 응모로 결정되었다. 충령탑 건축설계 현상모집 도안심사위원장으로 위촉된 것은 도쿄의 쓰키치(築地)에 있는 혼간지(本願寺)를 그 대표작으로 하는 사원건축의 제1인자 이토(伊東忠太)였다. 그 3년 후 '대동아건설지기념영조계획'의 건축설계 경기에서 일등으로 당선된 단게(丹下建三)의 설계가 이세신궁의 본전을 모방한 거대한 신사 건축양식이었다는 것과 상당히 다른 구상 아래 추진된 계획이었다고 할 수 있다.

충령탑인가 충혼비인가

'충령탑이 일종의 분묘'라는 것은 러일전쟁 이래 위와 같은 역사적 맥락에서 살펴보면 이야시의 '충령탑'은 그 내부에 유골 매장 사실이 없다면, 이름은 충령탑이라 하더라도 그 실체는 다름아닌 충혼비이다. 가령 이야시의 '충령탑' 이 분묘라고 하더라도 그 분묘를 대상으로 특정 종교 행위인 신도식의 제사를 행하는 단체에 시가 조성금을 지출한 행위는 명백히 위헌이다.

또 가령 이야시의 '충령탑' 이 분묘라면 그 분묘가 합법적으로 시영공원의 부지 내에 존재할 수 있는 요건은 그 시영공원이 에히메현 지사의 허가를 받은 '묘지' 이어야 한다.

'묘지, 매장 등에 관한 법률' 에 의하면 "분묘는 죽은 시체를 매장하거나 또는 화장한 뼈를 매장하는 시설" 을 의미하고 "묘지는 분묘를 설치하기 위한 묘지로서 도부현(道府縣) 지사의 허가를 받은 구역" 을 의미한다. 더구나 이 법률에서는 "매장 또는 화장한 뼈의 매장은 묘지 이외의 구역에 행해서는 안 된다" 라고 정하고 있다.

나아가 현 지사의 허가를 받은 묘지가 시영공원의 구역 내에 존재하는 것이 가능하기 위해서는 지방자치법 제2조 제3항 제6호에 정해진 것과 같이 시는 "묘지 그 외의 보건위생, 사회복지 등에 관한 시설을 설치하거나 또는 관리하고, 또 이것을 사용하는 권리를 규제하는" 조치를 강구하지 않으면 안 된다. 이 사용권의 규제에는 당연히 그 시설이 특정한 종교적 행위에 의해 독점적으로 이용되는 것을 규제하는 것이 포함되지 않으면 안 된다.

신문보도에 의하면 필자 생각에는 이야시의 '충령탑' 이 분묘가 아니고 실체로서는 종교적 시설에 속하는 충혼비라고 생각된다. 그러나 만일 법적인 의미의 분묘라면 과연 이상과 같은 수속이 취해졌는가 여부가 문제일 것이다.

이런 경우 문제가 되는 시설이 실체로서 법률상의 분묘가 아니라면, 그것은 실체로서 충혼비이다. 그 경우 시영공원의 일부를 무상으로 부지로서 제공한 시의 행위는 위헌 · 위법이다.

문제가 되는 시설이 실제로 분묘인 경우, 시영공원 내의 분묘 부지 부분을 묘지로 하는 법률적 수속을 시가 취하지 않았다면 역시 위법이다. 더욱이 시영공원의 일부를 묘지로 사용하는 수속을 취했다 하더라도 시가 그 관리 · 사용권의 규제에 대한 조치를 강구하는 것을 게을리하고 그 결과로서 특정한 종교적 행위를 목적으로 하는 장소로서 이용되는 것을 허락하기에 이르렀다면 역시 위헌 · 위법이다.

앞으로 재판의 변론 및 입증 과정이 어떻게 전개될 것인가 추이를 주목해 보겠다.

초혼제의 형식

다시 미노시 충혼비 소송 문제로 돌아가자. 이 재판의 쟁점이 된 문제중 하나에 유족회가 '위령제'를 신도식과 불교식으로 격년 교대로 행하는 문제가 있었다. 신도식 제사는 신도의 초혼제 형식과 같다. 그러나 신도식 제사만을 행하는 것은 아니기 때문에 특정한 종교 행위에는 해당되지 않는다는 주장이 예상된 것이기는 했지만 피고인 시가 그 문제를 제기하였다.

이 문제에 대해서 결론부터 먼저 말하면, 초혼제 형식이 신불 교대로 행해진 것은 전쟁 전부터의 신불혼용 내지는 신불병용이라는 초혼제 고유의 제사 형식을 답습한 것으로 이 형식이야말로 초혼제라는 종교행위의 특질을 표현하는 것이라는 점이다. 특히 미노의 경우, 불교의 법요 형식을 취하면서 그 「도사표백문(道師表白文)」에 '충혼의 위령' 이라는 명백한 표현이 있는 것은 불교 형식을 빌린 야스쿠니신사의 교의에 근거한 제사인 것을 나타내고 있다.

국가신도에서 야스쿠니신사 제사의 특질은 어령신앙의 계보를 이은 초혼제를 중축으로 하여 성립했다는 점이다. 어령신앙의 제사는 원래 어령회라는 불교적인 종교 의식에서 비롯되었다. 기록으로 볼 수 있는 최초의 어령회는 863년 조정에 의해 신센엔(神泉苑)에서 열린 것으로 금광명경(金光命經) · 반야심경(般若心經)이라는 불교의 경전이 강설(講說)되었다. 10세기경부터 유행하게 된 교토의 기온(祇園) 어령회 · 기타노(北野) 어령회도 한편으로는 자연발생적인 민중의 제사임과 동시에 불교 의례를 중요 요소로 하는 것이었다. 이 두 신사 운영의 중추에는 신직보다도 승려가 있었고 교의도 신앙도 불교로서 설명되고 있었다.

신불혼용의 초혼제

메이지유신 때의 신불분리에 의해 기온(祇園)도 기타노(北野)도 불교색을 일소하여 신사신도의 체계 안에 흡수되고 전통적인 어령회 역시 국가신도 제사로서 의례화되었다. 야스쿠니신사의 초혼제 제식은 국가신도 체계의 일환으로서 창출된 것으로 당초부터 신도의 제식과 같은 형식으로 정리되고 있었다. 그러나 새로이 창출된 신도의 제식은 민간신앙으로서의 어령신앙의 전통에 익숙한 민중들에게 잘 받아들여지지 않았다.

야간에 비제(秘祭)로서 행해져 민중의 눈이 닿지 않는 야스쿠니신사의 초혼장의 초혼제는 별도로 하더라도 민중의 눈앞에서 공공연히 초혼제를 행할 경우, 즉 전쟁터의 병사들 앞에서 행해지는 초혼제 또는 지방의 충혼비 앞에서 행해지는 초혼제의 경우, 종종 신불혼용 내지 병용으로 제사가 행해졌다. 공식적으로는 국가종교인 신도식으로 나아가, 민중과의 관계에서는 반공식(半公式)적인 불교식 개인의 영혼구제의 제사를 행하는 경우도 있었다.

신불혼용 초혼제의 예를 우리들은 러일전쟁 후의 나가노(長野)현 주최 전몰군인 초혼제에서 볼 수 있다. 이미 소개한 『나가노현시국사』의 '시국에 있어서 전몰군인 조제(弔祭)' 항목에 1906년 5월 16일에 현 주최로 거행된 '전몰군인 초혼제' 라는 기사가 있다. 초혼제 장소는 불교사원인 나가노(長野)시의 선광사(善光寺)이다. '식순' 에는 '2. 신직 승려 착석', '9. 초혼', '10. 헌찬(獻饌)', '11. 제주 제문을 진상', '13. 제주 다마구지(玉串)를 드리고 예배', '15. 신직총대(神職總代) 예배', '16. 승려총대 예배' 로 되어 있다.

이 초혼제는 나가노의 선광사라는 엄연한 불교의 종교시설에서 열려 승려가 참석하였고 더구나 제사 형식은 신도식 의식으로서 행해졌다. 선광사가 사원이고 참석한 승려가 불교에 속하는 직업적 종교인인 것은 틀림없는 사실이다. 한편 이 초혼제가 순전히 신도에 속하는 종교 행위인 것도 역시 의문의 여지가 없다.

해밀턴 장군의 초혼제 관람

러일전쟁 때 관전무관(觀戰武官)으로 일본군 제1군에 종군한 영국의 인도 주둔군 소속의 이얀 해밀턴 중장(제1차 세계대전 당시 다다넬스 해협 원정군사령관)이 있었다.

해밀턴은 러일전쟁 후에 『러일전쟁 관전 잡기』를 집필해 그 번역이 『전기명저집(戰記名著集) 11』에 수록되어 있다. 이 저서에 "초혼제" 라는 한 절이 있다. 거기에는 1904년 6월 19일 진중에서 행해진 제1군 초혼제에 해밀턴 자신이 참석했던 때의 인상이 기록되어 있다.

해밀턴은 "제1의 의식은 신도적이었는데 (중략) 공식적인 예식은 그렇게 끝났어도 장군도 참모도 가지 않고 그 주위를 계속 배회하고 있었다. 나는 어떻게 할까 주저하고 있었는데 장교 한 사람이 왔다. 그는 아무렇지도 않는 듯이 '지금 또 하나의 종교 의식이 있습니다. 남아서 보고 싶으시면 상관없으니 보십시오. 그렇지만 이것은 별 중요한 식이 아니라 아무래도 좋습니다' 라고 해 나도 '남아서 보고 싶습니다' 라고 대답했다. 그런데 이 별로 중요하지 않은, 아무래도 좋은 식은 불교식이었다" 라고 기록되어 있다. 먼저 공식 제사로서 신도식의 초혼제가 행해지고 계속해서 반공식(半公式) 행사(일본군 부내에서는 공식, 대외적으로는 비공식)으로서 불교식의 법요가 행해진 것이었다.

해밀턴은 이 두 개의 의식 내용을 소개한 후 각각의 의식에 대한 자기의 인상을 적고 있다. "아무리 해도 불교식이 신도보다 한층 장엄하고 숭고한 느낌이었다. 그러나 왜 그러냐고 물으면 나 자신도 그 이유를 대지 못하겠다. 단지 신도가 황제에 대한 충성을 다른 모든 덕목 이상으로 높이는 군대의 종교로서는 불교식보다 우수하다는 점은 의문의 여지가 없다" 라고 한 것이 그 감상이었다.

기독교도인 해밀턴이 편견 없이 느낀 것과 같이 공식행사로서의 신도식의 초혼제는 천황에 대한 충성을 다른 일체의 것에 우선하기 위한 군대의 종교 의식이었다. 계속해서 행해지는 불교식 법요는 민중으로서의 병사가 기원하는 개인적 영혼구제의 의식이었다. 양자는 모순이 없을 뿐만 아니라 오히려 서로 맞물려 의식으로서 완성되는 성격의 것이었다. 신도식 초혼제는 불교식 법요로 보완됨으로써 비로소 민중에게 받아들여질 수 있게 되었다.

군사적 종교 의식

군사적 종교 의식으로서의 초혼제 그 자체가 본래 신불혼용 내지 병행의 종교 의식으로서 성립한 것이다. 충혼비를 야스쿠니신사의 초혼장을 본떠 초혼제가 공중 앞에서 공공연히 행해질 때 이와 같은 형식을 취하는 것은 오히려 상식이라고 말할 수 있다.

따라서 신불병용의 의식을 행하는 시설로서의 충혼비가 신도라는 특정한 종교에 속하는 야스쿠니신사의 교의에 근거한 종교시설이라는 본질은 잃지 않는다. 역으로 그것은 야스쿠니신사 교의의 본질을 나타내는 것이라고 말할 수 있다.

죽은 자의 영이 인령로부터 신령으로 전화할 수 있는 것은 메이지 시대 이후에는 극히 드문 예외를 제외하고 야스쿠니신사에 합사되는 것에 의해서만 가능했다. '야스쿠니의 신(神)' 이 되는 자격을 나타내는 핵심어가 '충혼' 이고 '충혼' 이 신령으로 전화하기 위한 종교적 수속이 '초혼' 의식이었다.

'충혼' 을 위로하기 위한 위령제는 인령에 대한 위령제와는 본질적으로 다른, 야스쿠니신사의 교의에 근거한 고유한 종교적 행위이다. 충혼비는 본래 야스쿠니신사에 고유한 종교시설인 초혼장(招魂場)과 같은 성격의 시설이다. 이와 동시에 그것이 상설 시설이기 때문에 참배대상으로 여겨져 야스쿠니신사의 것과 같은 성격이 더해지게 되었던 것은 부정할 수 없다.

아무리 신불혼용 내지 병용 의식이 행해지고 있었다고 하더라도 그것은 야스쿠니신사 신앙의 형식상의 기원이 어령신앙이라는 그 유래에 근거한 것이다. 그것은 도리어 민중과의 접점을 불교적 요소에 의존하지 않을 수 없었던 야스쿠니신사 신앙의 종교적 특질을 나타내는 것으로밖에 말할 수 없다. 결코 야스쿠니신사 신앙과는 거리가 먼 비종교적 성격을 나타내는 것이 아니다.

결론을 대신하여 : 야스쿠니궁에 영혼은 진좌되어도

'야스쿠니노(ヤスクニノ)'

"야스쿠니궁에 영혼은 진좌되어도 틈나는 대로 돌아가라 어머니의 꿈길로."

이 노래는 태평양전쟁 중 일본방송협회(NHK) 국민가요 중 하나이다. 국민가요는 1936년 6월부터 방송이 시작되어 다음해 10월부터 국민창가 방송이 시작되었다.

오늘날에도 많은 사람들에게 사랑받고 있는 시마자키(島崎藤村)의 시 '야자열매' 가 오나카(大中寅二) 작곡의 국민가요로서 전파를 탄 것은 국민가요 방송이 개시된 해이다. 태평양전쟁의 기억과 떨어질 수 없는 '바다로 가면(海行かば)' 은『만요슈(萬葉集)』에 있는 오토모(大伴家持)의 노래에 노부토키(信時潔)가 작곡한 것으로, 국민창가 제1호였다. 이들 시리즈에는 전시중의 작품으로 기타하라(北原白秋) 시에 이노우에(井上武士)가 작곡한 '낙엽송', 요시다(吉田テフ子) 작사 · 사사키(佐々木すぐる) 작곡 '산의 삼나무 아이', 전후 작품으로는 쓰치야(土屋花情) 작사 · 야시마(八洲秀章) 작곡

'사쿠라 조개의 노래', 요코이(横井弘) 작사 · 야시마 작곡 '엉겅퀴의 노래' 등이 있다.

'야스쿠니노'는 노부토키(信時潔)가 작곡했다. 작사는 오에(大江一二三)라고 되어 있다. 오에는 바로 돌아가신 나의 아버지이다. 아버지는 육군 직업군인이었다. 1937년 중일전쟁이 시작되었을 당시 규슈(九州)의 제6사단에 속해 있었고 전쟁이 개시된 직후 7월 27일에 동원명령을 받아 즉시 출동했다. 같은 부대에 젊은 견습사관 다테야마(立山英夫)가 있었다. 출전한 지 겨우 3주 후인 8월 20일 장교 척후로서 정찰에 나간 초진에 전사했다. 어머니를 생각하곤 했던 다테야마의 피묻은 군복 주머니에는 그의 어머니 사진이 있었고 그 뒷면에 '어머니 어머니 어머니…'라고 무려 스물 네 번이나 거듭해서 써 있었다.

다테야마의 유골이 고향에 돌아와 장례식이 행해졌을 때 나의 아버지는 전근하여 미야자키(宮崎)현의 미야코노조(都城)시에 있었다. 아버지가 친 조전의 첫마디가 앞에서 소개한 단가(短歌)이다. 전보 배달국 소인은 '12 · 11 · 17'(1937년 11월 17일)로 되어 있다.

이 노래가 노부토키 작곡으로 국민창가로 선정되어 라디오에서 매일 방송되었을 때 나는 군(軍) 학교에 재학중이었기 때문에 방송을 들은 적은 없다. 따라서 그 시기도 기억에 없다. 멜로디도 나중에 악보를 보고 익혔다.

작곡가 노부토키는 1963년 11월에 문화공로자가 되었다. 그때 NHK '아침의 방문'이라는 프로에서 "지금까지 가장 인상에 남은 곡은?"이라고 질문한 인터뷰에 대해(질문자는 당연히 '바다로 가면' 일 것이라고 예상했던 모양인데), 노부토키는 "오에 씨라는 군인의 노래인데요" 라고 대답하며 직접 피아노를 치며 '야스쿠니노'를 불렀다고 한다.

유족 곁으로

아버지가 노래에 담았던 생각도 같을 것인데, 내가 생각한 소박한 의문은 온몸을 천황을 위해 바쳤던 전사자의 영혼만이라도 왜 유족의 품안으로 돌려보내지 않는가, 왜 죽은 자의 영혼까지도 천황의 국가가 독점하지 않으면 안 되는가 하는 것이었다.

그렇게까지 어머니를 생각한 청년의 영혼만이라도 '틈나는 대로' 가 아니라 영원히 어머니의 품으로 돌아가는 것을 국가가 왜 인정하려고 하지 않는 것일까. 아버지의 친구이기도 했던 어느 가인(歌人)은 이 노래를 '전국민의 창화(唱和)에 바친 비가(悲歌)' 라고 평했는데, 그대로라고 생각한다.

아버지의 이 노래가 야스쿠니신사에 대해 내가 관심을 갖게 된 출발점이었다. 야스쿠니신사에 대하여 내 나름대로 연구를 진행함에 따라 당초에 가졌던 나의 소박한 질문도 점차 깊어졌다. 죽은 자의 영혼에 대해 "틈나는 대로 돌아가라" 라고밖에 말할 수 없게 한 저 야스쿠니신사는 도대체 어떠한 존재인가, 국가는 전사자의 영혼을 야스쿠니신사의 '신(神)' 으로서 독점하는 것으로 그 '신' 들에 대한 신앙을 통해 무엇을 실현해 온 것일까, 또는 실현하기를 기대했을까.

특히 군사사(軍事史)를 중심으로 하는 일본 근대사를 전공하게 된 나에게는 이 문제를 푸는 것이 역사학 연구에 뜻을 둔 커다란 동기였을 뿐만 아니라 커다란 과제이기도 했다.

내가 최초의 저서 『메이지국가의 성립』을 간행한 것은 1959년이었다(1983년 '재판에 대한 서문' 을 붙여 미네르바 서방에서 재간).

나는 이 책의 '서문' 에 저작의 동기를 "현실적으로 아직 어리기조차 했던 우리들에게 그 생명을 던져도 결코 후회스러울 것은 없다는 결의를 강제한 일본의 근대 천황제에 대한 관심에서 비롯되었다" 고 썼다. 이 관심은 오늘날에도 전혀 변하지 않았다. 단지 패전까지의 일본 국민을 '천황의 군대' 에 밀접하게 결부시키는 고리 역할을 하기 위한 중요한 존재로서 야스쿠니신사를 확실히 인식할 수 있었던 것은 연구의 구체적인 내용이 군사사(軍事史)와 관계되기 시작한 다음부터였다.

야스쿠니신사는 국가의 종교시설이며 국가의 군사시설로, 따라서 국민통합을 위한 정치적 이데올로기적 수단이었다. 전쟁에 의한 희생자를 국민들에 대해 비극이라든가 비참하다든가 하는 생각이 들지 못하게 하고, 오히려 역으로 영광이고 명예라고 생각하도록 꾸며진 존재가 야스쿠니신사였다. 이러한 구조에 대한 인식에 이르기까지의 학문적 행위를 추동(推動)시킨 것은 소년 시절 나 자신의 군국체험과 함께 아버지의 '야스쿠니노' 라는 노래의 존재였다.

모리오카(盛岡)의 법정에서

1983년 9월 1일 오후 나는 모리오카(盛岡) 지방재판소 법정 증언대에 서 있었다. 모리오카가 동북지방에 위치했지만 아직 지독한 더위가 기승을 부리는 여름날, 법정은 방청석을 꽉 메운 방청객들에게도 증언이 잘 들릴 수 있도록 에어컨을 꺼 놓았다. 넥타이에 양복을 입고 증언대에 선 나에게는 더없이 지독한 더위였다. 재판장은 몇 번이나 상의를 벗으라고 권했으나, 나는 반대질문에 들어갈 때까지 그 친절한 권고를 계속 거절하였다.

재판소에 특별한 경의를 표하기 위해서가 아니었다. 누가 뭐래도 사안은 죽은 자의 영혼을 둘러싼 문제이다. 무신론자인 나조차도 장례식이나 불교의 법요에 불경건한 복장으로 출석하지 않는 것과 같이 공식적인 장소에서 죽은 자의 영혼의 문제에 대해서 발언하기에 입장을 달리하는 사람도 있는 것을 고려하여 그에 상응하는 예의를 지킨 것에 불과하다.

내가 증언대에 선 재판은 통칭 이와테 야스쿠니 위헌소송이라 불리는 위헌재판의 원고측 증인으로서였다. 엄밀히 말하면 이 재판은 원고 · 피고를 각각 달리하는 두 개의 소송이다. 다만 두 개의 소송을 담당하는 재판소의 구성이 동일하고 입증 내용도 중복되는 점이 많았기 때문에 1983년 5월 11일의 법정에서 증인신청이 행해질 때 사실상의 병합심리가 되었다. 두 개의 위헌소송을 간단히 설명하면 다음과 같은 내용이다.

1979년 12월 19일 이와테현 의회는 '야스쿠니신사 공식참배에 대하여' 라는 제목의 결의를 행했다. 결의의 결론은 "전후 야스쿠니신사는 국가의 손을 떠나 천황 폐하의 참배도 내각 총리 대신 등의 참배도 모두 개인적인 것으로서 취급되거나 또는 국제 의례로서 당연히 국빈이 야스쿠니신사 참배도 이루어지고 있지 않는 것은 극히 유감으로 속히 국가의 대표 및 국빈의 야스쿠니신사 공식참배가 실현되기를 강력히 요망한다" 라는 내용이었다. 결의에 찬성한 것은 자유민주당 소속의원 29명(30명 중 1명 당일 결석), 현정(縣政)클럽 소속의원 11명, 결의에 반대한 것은 일본 사회당 소속의원 8명, 그 외 회파(會派)에 소속되어 있지 않은 의원 2명(민사당 1명, 일본공산당 1명)이었다.

이 결의는 '야스쿠니신사 공식참배에 관한 의견서' 로서 인쇄되어 현의 회장 외 8명의 의원이 상경하여 내각 총리 대신, 총리부 총무장관, 중의원 의장에게 제출하였다. 이 결의는 위헌 무효이며, 무효의 결의문 인쇄비, 정부 국회에 제출하기 위해 여비로 현비(縣費)를 사용한 것은 불법이고, 현에 재정상 손해를 끼친 점으로부터 의장 및 의장과 동행했던 의원은 손해를 배상하라는 것이 제1의 소송취지이다.

이와테현은 1981년 4월 20일의 야스쿠니신사 춘계 예대제일에 다마구지료(玉串料)로서 7,000엔, 7월 3일의 미타마 제(祭)에 헌등료(獻燈料)로서 7,000엔, 10월 12일 추계 예대제일에 다마구지료로서 7,000엔을 지출했다. 지출결의 및 지출명령은 복지부 후생원호과장의 전결에 의해 이루어졌다.

이들 야스쿠니신사에 대한 현비(縣費) 지출은 헌법 제20조의 정교분리의 원칙 및 제89조의 종교상의 조직단체에 대한 재정상의 원조금지 조항에 위반하는 불법지출이며, 현에 재정상의 손해를 끼쳤다. 이와테현의 공금 지출을 명할 수 있는 권한은 지사에게 있고 그 권한의 일부가 복지부장, 복지부 후생원호과장의 순서로 직속상사의 감독 책임 아래 위임된 결과로서 후생원호과장의 전결에 의한 지출이 행해진 것이기 때문에 주위자(主位者)인 지사, 지사로부터 권한을 받은 복지부장, 후생원호과장은 현에 대해 손해를 배상하라는 것이 제2의 소송취지이다.

신을 믿은 자도

두 개의 소송에서 현의 감사위원에게 공금지출의 위헌 · 위법을 이유로 감사청구를 행하여 각하된 것에서 지방자치법 제242조의 2에 근거한 주민소송으로서 제소되었다. 이 소송은 형태상으로는 결코 많은 금액이라고 할 수 없는 금액의 손해를 둘러싼 소송이다. 그러나 그것이 의미하는 것은 일본국 헌법의 존립 근간에 관계되는 중대한 문제이다.

원고는 기독교도, 노동운동가인 사회당원, 공산당 현회 의원 등이고, 원고단장인 목사는 전사자의 유족이다. 제2차 세계대전 때의 프랑스 레지스탕스 시인 루이 아라공의 시(詩)처럼 문자 그대로 '신을 믿는 자도 믿지 않는 자도' 일본국 헌법이 보장하는 신교(信教) · 양심의 자유를 지키기 위해 함께 어깨동무를 한 것이다.

원고측 증인으로서 증언해 줄 것을 나에게 의뢰해 온 사람은 기독

자유족회의 니시가와(西川重則) 위원이다. 나는 흔쾌히 승낙했다.

그러나 겨우 반나절의 증언으로 요구된 증언사항 전부에 대해 법정에서 자세하게 증언하기에는 너무나 시간이 부족했다. 나는 미리 '의견서' 라는 형식으로 자세한 내용의 문서를 작성해서 원고측, 재판소, 피고측에게 읽게 하고 '의견서' 중에서 의문이 있는 점이나 보충해야 될 점에 대해서 질문에 답하는 방식을 선택했다.

돌아가신 부모님께

'의견서' 의 집필을 시작한 것은 6월 20일이었다. 집필중에 구마모토(熊本)에 살고 있는 어머니가 위독하여 재입원하였다는 전화가 있었다. 암으로 수술 불가능한 상태로 작년 말에 퇴원하여 자택에서 요양중이었기 때문에 각오는 되어 있었다.

'의견서' 의 집필을 중단하고 7월 26일 구마모토로 달려갔다. 어머니는 8월 3일 숨을 거두었다. 6일에 상주로서 장례식을 끝내고 8일에 귀가하여 곧 집필을 재개하였다. '의견서' 는 14일에 완성하여 내가 증언에 설 9월 1일의 법정 전회(前回) 개정일인 8월 18일에 날짜를 맞출 수 있었다.

어머니의 장례식날 밤, 아버지의 장례식 이래 16년 만에 6명의 형제자매 모두가 한자리에 앉아 식사를 하고 어머니가 건강했었다면 작년 가을에 열 예정이었던 어머니의 고희 기념을 주인공인 어머니가 없는 채로 열었다. '야스쿠니노' 의 해석에 대해 형제의 의견이 일치했다.

"틈나는 대로 돌아가라 어머니의 꿈길로" 라고밖에 말할 수 없는 시대, 아니 그보다도 이 노래가 불린 시대는 "틈나는 대로 돌아가라 어머니의 꿈길로" 라고 말하는 것조차도 용기가 필요한 시대였다. '영령(英靈)' 이 된 아들을 만나기 위해서는 어머니가 도쿄 구단자카(九段坂)의 야스쿠니신사에까지 찾아가는 것이 당연하다고 하던 시대였다.

연표를 보면, 1939년 4월 이시즈에(石末秋二) 작사 · 노시로(能代八郎) 작곡 '구단(九段)의 어머니', 1940년 10월 '슈후노도모(主婦の友)' 라는 회사가 공모한 '야스쿠니신사의 노래' 임시대제에서 봉납연주(奉納演奏)라고 되어 있다.

우에노(上野)역에서 구단(九段)까지
안타까움을 애써 감추며
지팡이에 의지하며 하루 걸려
아들아, 에미가 왔다 널 보러 왔다.
(구단의 어머니)

사람을 행복하게 하는 영혼
다행스럽다
수많은 나무가 높이 빛나는 곳
황국은 영원히 계속되리
아아 일억 국민이 경건하게 기도하네
나라를 수호하는 신궁 야스쿠니신사
(육군성 · 해군성 선정 '야스쿠니신사의 노래')

'호국의 영령' 인 자, '호국의 신' 으로서 임무를 다하기 위해서는 잠시도 야스쿠니신사를 떠나서는 안 되고, 어머니가 영령' 이 된 자식을 만나고 싶으면 구단자카까지 만나러 오라는 시대였다. 그러한 시대에 비가(悲歌)로서 받아들여진 이 노래의 저작권이 작자의 아내로부터 아들에게 넘겨져, 이와테 야스쿠니 위헌소송의 법정 증언대에 서게 된 것도 어떤 인연일지 모른다.

야스쿠니에서 충혼비까지

1983년 8월 18일 오후 모리오카시의 구민회관 회의실에서 작은 회합이 열리고 있었다. 이날 오전중에 열린 이와테 야스쿠니 위헌소송의 제1회 증인 심문을 기회로 전국의 동일한 성격의 위헌소송을 벌이고 있는 단체나 그룹이 처음으로 모여 서로 의견을 교환하고 차후의 연락과 협력을 위해 야스쿠니 위헌소송 연락회를 결성하였던 것이다.

한 마디로 야스쿠니 위헌소송이라고 하나 구체적으로 그 소송의 내용을 분류해 보면, 크게 3가지로 나눌 수 있다.

첫째로 이와테에서 볼 수 있듯이 야스쿠니신사 문제 그 자체를 정면에서 문제시한 소송이다.

둘째로 야마구치현의 자위관(自衛官) 호국신사 합사거부 소송이라는 형식을 취한 부현(府縣) 차원에서의 호국신사—실질적으로는 자위대도 포함해서—를 상대로 한 위헌소송이다. 유족의 의지를 무시하고 신으로서 순직 자위관을 자위대(표면적으로는 대우회

〈隊友會〉)가 멋대로 호국신사에 합사한 것에 대해 유족이 이것을 신교의 자유를 침해하는 것이라 하여 합사거부의 소송을 일으킨 소위 자위관 호국신사 합사거부 소송이다.

이미 서술한 바와 같이 호국신사는 역사적으로 그 제신을 그 지방과 관계있는 야스쿠니신사의 제신으로 한다고 정해져 성립한 것으로, 국가 차원의 야스쿠니신사에 대해 그 지방분사적(地方分祠的)인 성격을 갖는 신사이다. 자위관의 호국신사 합사는 야스쿠니신사 합사의 길을 여는 돌파구로서의 의미가 있다. 이 소송에서 야마구치 지방재판소 제1심 판결은 유족의 의지에 근거하지 않는 호국신사 합사는 유족인 아내가 남편을 누구에게도 방해받지 않고 추억하고 싶다는 종교상의 인격권(신교의 자유)을 침해한 것이라고 원고측의 주장을 인정했다.

셋째로 오사카부가 미노시의 주민이 지역에 있는 충혼비 이전을 위해 토지를 시가 공공비용으로 구입하여 유족회에 무상대여하고 나아가 유족회가 행하고 있는 종교적 행위인 위령제에 무상으로 편의를 제공하고 공무중인 시청직원이 참가한 것에 대해 헌법의 정교분리의 원칙에 반한다고 하여 공공비용으로부터 지출한 토지구입 대금, 근무시간중에 위령제에 참석한 직원에 대한 급여지불의 무효와 손해배상을 청구한 사건이다. 이 사건에 대해서는 제4장(마을의 야스쿠니 · 충혼비)에서 소개했다. 이 소송은 충혼비와 야스쿠니신사와의 관계가 중요한 쟁점이 된 것으로 말 그대로 '마을의 야스쿠니' 문제였다.

이 책은 이와테와 미노 두 개의 소송에서 재판소에 제출한 '의견서'를 중심으로 법정에서의 증언 내용도 첨부해 전면적으로 다시 쓴 것이다.

본서에서는 이 책이 문고판인 점을 고려하여 '의견서'에서는 증거로서의 엄밀성을 기하기 위해 장문의 충실한 인용을 한 문헌자료를 가능한 한 요지로 간추려 알기 쉽게 소개하는 것으로 하고, 인용하는 경우는 현대식으로 고쳐 썼다. '의견서' 및 이 책의 집필에 있어 인용 또는 참고한 문헌은 책의 끝에 참고문헌으로 정리해 두었다.

1983년 11월 10일

오에 시노부

참고문헌(인용 · 참조순)

- 勝田市史編さん委員會編,『勝田市史料VI 勝田艦砲射撃の紀錄』, 勝田市, 1982.
- 陸軍省 · 海軍省監修, 靖國神社編纂,『靖國神社忠魂誌』全五卷, 靖國神社社務所, 1933～35.
- 石塚經二,『尼港事件秘錄 アムールのさゝやき』, 千軒社, 1972年.
- 森谷秀亮 編,『靖國神社略年表』, 靖國神社, 1973.
- フォーチューン編集部 編 · 熊澤安定譯,『フォーチューン版「大日本帝國」の硏究』, 現代史出版會 · 德間書店, 1983.
- 竹前榮治,『占領前後史 — 對日管理政策の全容』, 雙柿舍, 1980.
- 武田淸子,『天皇觀の相剋 — 1945年前後』, 岩波書店, 1978.
- 思想の科學硏究會 編,『共同硏究 日本占領軍-その光と影』上 · 下, 別冊『日本占領史硏究辭典』, 現代史出版會 · 德間書店, 1978.
- 文部省內 · 教育史編纂會,『明治以降教育制度發達史』第1-第8卷, 教育資料調査會, 1938～39.
- 大正昭和編年史刊行會編,『新聞集成昭和編年史 七年版』, 大正昭和編年史刊行會, 1961.
- 明石博隆 · 松浦總三編,『昭和特高彈壓史3 · 4 宗教人にたいする彈壓』上 · 下, 太平出版社, 1975.

- 小池健治 · 西川重則 · 村上重良編,『宗教彈壓を語る』, 岩波新書, 1978.
- 我妻榮編,『日本政治裁判史錄 昭和 · 後』, 第一法規出版, 1970.
- 『日本古典文學體系 古事記 · 祝詞』, 岩波書店, 1958.
- 『日本古典文學體系 日本書紀』上, 岩波書店, 1967.
- 『明治文化全集第二十五卷 雜事編』, 日本評論社, 1967(第二版).
- 農業發達史調査會編,『日本農業發達史』1, 中央公論社, 1978(改訂版).
- 『明治文化全集第二十四卷 文明開化編』, 日本評論社, 1967(第二版).
- 櫻井忠溫編,『國防大事典』, 國書刊行會, 1978(復刻版).
- 井上毅傳記編纂委員會編,『井上毅傳 史料篇第六』, 國學院大學圖書館, 1977.
- 家永三郎 · 松永昌三 · 江村榮一編,『明治前期の憲法構想』, 福村出版, 1967.
- 美濃部達吉,『憲法撮要』, 有斐閣, 1933(改訂第五版).
- 藤田省三,『天皇制國家の支配原理』, 未來社, 1966.
- 櫻井德太郎,『宗教と民俗學』, 岩崎美術社, 1969.
- 神島二郎,『近代日本の精神構造』, 岩波書店, 1961.
- 『明治文化全集第十九卷 宗教編』, 日本評論社, 1967(第二版).
- 勝田市史編さん委員會編,『勝田市史 民俗編』, 勝田市, 1975.
- 美濃部達吉,『逐條憲法精義』, 有斐閣, 1927.
- 和歌森太郎,『神と佛の間 ― 日本人の宗教意識』, 弘文堂, 1975.

- 伊藤博文,『憲法義解』,(國家學會藏版, 丸善, 1889年), 岩波文庫, 1965.
- 大霞會編,『內務省史』第二卷, 地方財務協會, 1970.
- 宮內省,『明治天皇紀』全十二卷, 吉川弘文館, 1968～75.
- 靖國神社,『靖國神社誌』, 靖國神社, 1911.
- 戰記名著刊行會編,『戰記名著集』, 戰記名著刊行會, 1929～30. 1 猪熊敬一郎,『鐵血』, 3 由上治三郎,『鐵蹄夜話』, 6 安川隆治,『血烟』・大竹末吉,『劍と筆』, 9 大月隆仗,『兵車行 兵卒の見たる日露戰』, 11 イヤン・ハミルトン, 大阪新聞社摘譯,『日露觀戰雜記』
- 櫻井忠溫,『肉彈』,(『櫻井忠溫全集』第1卷), 誠文堂, 1931.
- 『定本柳田國男集』第5卷, 第10卷, 筑摩書房, 1968～69.
- 西山松之助,『市川團十郎』, 吉川弘文館, 1960.
- 櫻井德太郎,『靈魂觀の系譜』, 筑摩書房, 1977.
- 現代史の會編,『季刊現代史』, 春季特別號, 現代史の會, 1973.
- 大江志乃夫,『日露戰爭の軍事史的硏究』, 岩波書店, 1976.
- 陸軍盛編,『(秘)明治卅七八年戰役陸軍政史』 第9卷, 1911(1983, 湘南堂에서 復刻刊行).
- 陸軍省編,『自明治三十七年至大正十五年陸軍省沿革史』 下卷, 巖南堂, 1969(復刻版).
- 『偕行社記事 特號(部外秘)』第805號, 偕行社, 1941.
- '雄叫' 編輯委員會編,『軍歌 '雄叫'』, 偕行社事務局, 1977(新訂版).
- 文部省編,『國體の本義』, 文部省, 1937.
- 教學局編,『我が國體と神道』(『國體の本義解說叢書』), 教學局, 1938.
- 教學局編,『臣民の道』, 教學局, 1941.

- 金森德次郎,『憲法遺言』, 學陽書房, 1959.
- 文部省,『尋常小學修身教科書 兒童用』(第三期國定)復刻版, ノーベル書房, 1970.
- 三正光三郎,『愛國婦人會史』, 愛國婦人會史發行所, 1912.
- 帝國在鄉軍人會,『戰友』, 帝國在鄉軍人會(以下 關係各號).
- 大阪地方裁判所第二民事部, [運動場一部廢止決定無效確認等請求事件判決], 1982.
- 大阪地方裁判所第二民事部, [慰靈祭違憲訴訟事件判決], 1983年.
- 長野縣,『明治卅七八年長野縣時局史』, 長野縣, 1908年.
- 勝田市史編さん委員會編,『勝田市史料IV 前渡鄉土誌 · 佐野鄉土誌』, 勝田市, 1978年.
- 島貫重節,『福島安正と單騎シベリヤ橫斷』上 · 下, 原書房, 1979.
- 帝國在鄉軍人會本部編,『帝國在鄉軍人會業務指針』, 帝國在鄉軍人會本部, 1930.
- 伊藤三千雄 · 前野嶢,『日本の建築 [明治大正昭和]8 樣式美の挽歌』, 三省堂, 1982.
- 村松貞次郎,『日本近代建築の歷史』, NHKブックス, 1977.
- 黑田俊雄,『歷史學の再生』, 校倉書房, 1983.
- 山崎正男編,『陸軍士官學校』, 秋元書房, 1969.
- 大江志乃夫,『明治國家の成立』, ミネルヴァ書房, 1959.
- 古茂田信男 · 矢澤保 · 島田芳文 · 橫澤千秋,『日本流行歌史 戰前編』, 社會思想社, 1981.

역자후기

1985년 1월 어느 날 도쿄대학 대학원 인문과학 연구과의 한 강의실에 앉아 있었다. 종교사학 석사 과정에 입학하기 위한 시험을 치르고 있었다. 받아들은 시험지를 일단 언뜻 훑어보았는데, 아무래도 생소한 문제가 하나 있었다. 답안을 다 작성할 때까지 그 문제에 대한 해결의 실마리가 전혀 떠오르지 않았다. 결국 끝내 답을 쓰지 못한 공란으로 남겨두고 교실을 나왔다.

그 문제는 바로 야스쿠니신사에 대해 설명하는 것이었다. 집에 와서 급한 마음으로 찾아본 결과, 근대 일본의 대표적인 군국신사였다는 정도를 알았다.

당시 일본에서는 야스쿠니신사의 마을 분사(分社)에 해당하는 충혼비를 둘러싸고 '미노(箕面) 충혼비 위헌소송'이 일어나 그 귀추에 사회적 관심이 집중되고 있었고, 도쿄대학 종교사학 연구과의 주임교수였던 야나가와(柳川啓一) 선생이 피고측 감정인으로서, 그리고 동 연구과의 졸업생인 무라카미(村上重良) 선생이 원고측의 감정인으로서 각각 입장을 달리하며 치열하게 대치하고 있었다는 것을 알게 된 것은 오랜 세월이 지나서였다.

어쨌든 야스쿠니신사와의 이러한 첫 대면은 '생경하다'는 인상을 남긴 정도로 참으로 가볍게 스쳐 지나갔다. 야스쿠니신사와의 두 번째 만남은 일본을 둘러보러 온 일단의 관광객들과 동행하며 이루어졌다. 도쿄 구단자카에 있는 야스쿠니신사는 도쿄 유람에서 빼놓을 수 없는 관광지라는 것이었다. 야스쿠니신사는 사무라이의 투구를 연상시키는 둔중한 곡선의 지붕을 무겁게 이고 앉아 있었다. 경내에는 신사 건물 이외에도 일본군의 '광적인 군국정신'의 예로서 각종 물품들이 전시되어 있었다. 전함에 돌진하여 자폭하는 '인간어뢰'의 모형, 폭격기에 돌진하여 자폭하는 일명 가미카제들의 기록이며 그들의 유품, 출전 전의 혈서 등이 있었다.

이런 전시품을 보고 우리 일행은 별로 놀라지 않았다. "일본인은 광적이고 잔인하다"는 우리들의 상투적인 일본상에 비추어 볼 때 새삼스러울 것이 없었던 것이다. 오히려 그것이 너무도 자명하여 "설령 그렇다고 한다면 왜 그들은 광적이고 잔인할 수 있었을까"라는 의문조차 일어나지 않았다.

당시는 한국 사람이면 보통 가지고 있는 일본에 대한 적지 않은 감정적인 응어리만을 가지고 있었던 것이다. 그러나 한일 관계의 응어리를 만들어 낸 근대 일본의 실체에 대해서는 그 핵심적인 존재인 야스쿠니신사를 관광지 정도의 의미로밖에 받아들이지 못할 정도로 무지했다. 나아가 일본은 이미 환히 알고 있어서 더 알려고 할 필요조차 없다고 느끼고 있을 정도로 자신의 무지에 대해 둔감했다. 이러한 야스쿠니신사에 대한 역자의 체험이 한국 사람의 일반적인 일본 체험의 한 형태를 대변하는 보편성을 가진다고 하면 지나치게 주관적일까.

현재 우리 사회의 일본에 대한 반응은 막연한 적대감과 기술과 경제에 대한 얄팍한 선망이라는 양극단의 정서 사이를 황망히 건너뛰며 왕복하고 있다. 일본에 대한 이러한 정서적 반응들은 한국과 이질적인 일본만의 '차이'를 발견할 수 있는 절호의 자극들을 정당한 지적 호기심이나 문제 의식으로 전화시키지 못하고 소모적으로 사산시켜 버린다. 그 결과 우리 사회의 일본에 대한 인식과 해석 능력은 축적되지 못한다. 그것은 항상 막연한 정서와 감(感)의 영역을 넘지 못하는 것이다.

그러나 일본은 '정서와 감'만으로 대응하기에는 우리에게 너무 가까이 있다. 일본은 우리만의 환상 속에서 꿈꾸고 있을 일말의 여유를 우리에게 허락하지 않는 채 빠르게 변하고 있다. 일본의 메커니즘에 대한 치열한 분석과 이해에 근거한 지일(知日)을 통하여 상대와 새로운 관계를 설정해 가자는 주장이 공감을 불러모으는 것은 이 때문일 것이다.

알다시피 1995년 9월 도쿄대학 후지오카(藤岡信勝) 교수가 '자유주의 역사관을 위한 모임'을 결성하고 일본의 과거에 대한 열렬한 옹호자로서 기존의 일본 역사교과서를 비판하기 시작했다. 그는 현재의 일본 교과서에는 일본만이 제2차 세계대전 중에 모든 잘못을 저지른 것처럼 일본을 '사악'하고 '야만적'인 국가로 묘사하고 있다고 비판하면서 이런 점에서 일본의 교과서는 '자학적'이라고 규정하였다. 그에 따르면 연합국들도 오랫동안 잔인한 식민주의, 제국주의의 역사를 갖고 있기 때문에 이러한 자학적인 사고방식은 옳지 않다는 것이다.

후지오카 교수는 일본 학생들은 보다 희망적인 관점에서 스스로의 자존심을 지킬 수 있도록 자신의 역사를 배워야 한다고 주장하며 교과서에 수록된 '일본군 군대위안부' 를 삭제할 것을 요구하였다. 일본의 양식 있는 역사학자들의 비판에도 불구하고 자유주의사관은 크게 확산되고 있다.

최근에 출간된 우파 지식인 니시오(西尾幹二)가 쓴 『국민의 역사』라는 책이 베스트셀러가 되었다는 것이 그 단적인 예다. 1999년 10월 말에 출간된 이 책은 연말까지 65만 부 이상이 팔렸다. 2개월간의 판매량만으로도 지난해 일본 논픽션 부문 베스트셀러 5위였다고 한다. 이 책은 일본 역사를 철저히 정당화했다. "일본의 식민지통치 기간중 대만보다 한반도에서 훨씬 선정을 베풀었다" "프랑스와 네덜란드는 아시아를 철권 통치했으나 일본은 그렇게 하지 않았다" 라고 하는가 하면, 한일합방도 "무방비의 한반도를 사수하기 위한 정책의 결과로 일본의 피할 수 없는 의무" 였다고 정당화하고 있다.

또한 1999년에는 히노마루(日の丸)와 기미가요(君が代)에 국기와 국가로서의 법적 지위를 보장하는 '국기 · 국가(國旗國歌) 법안' 이 통과되어 이를 국민에게 의무화하고 있다. 나아가 일본 총리 자문기구인 '21세기 일본의 구상 간담회' 는 1999년 1월 18일 헌법개정을 포함한 안전보장 논의를 촉구한 최종보고서를 오부치 게이조(小淵惠三) 당시 총리에게 제출했다. "일본의 프론티어는 일본 안에 있다" 는 제목의 이 보고서는 "국제 사회에서 책임을 다하기 위해 일본도 집단적 자위권을 행사하도록 하는 것이 필요하다" 며 '헌법개정까지 염두에 둔 국민적 논의' 를 촉구했다. 일본 헌법개

정에 관한 문제를 논의할 헌법조사회는 1999년 1월 20일에 개원한 정기국회 회기중 중의원과 참의원에 각각 설치되었다. 전쟁포기를 명기하고 군대보유 및 교전권을 부인한 일본국헌법 제9조에 대해 조사회가 어떤 의견을 낼지가 크게 주목되는 때이다.

결국 일본의 전후를 지탱해 온 소위 평화헌법을 개정하려는 움직임이 보일 정도로 일본의 우경화가 진행되고 있고 그 저류에는 일본인으로서 자존심을 세우고 싶다는 소박한 주장이 움틀대고 있다. 일본인의 '자존심' 을 세울 필요를 주장하는 것에 대해서는 이견이 있을 수 없다. 어느 개인이나 국가가 주체로서 스스로를 정립하기 위해서는 '자존심' 이 필요하다. 문제는 무엇이 '진정한 자존심' 인가 하는 것이다. 주체라는 것은 어디까지나 타자와의 관계 속에서 정립되는 것이다. 일본의 '자존심' 이 타자와의 대화와 공감을 통해 상호 공존할 수 있는 내용이 되었을 때 '참다운 자존심' 이 될 것이고, 이에 근거했을 때 비로소 일본은 국제 사회에서 책임을 감당할 수 있을 것이다.

이러한 때에 오에 시노부(大江志乃夫) 교수의 『야스쿠니신사(靖國神社)』를 한국의 독자들과 함께 읽을 수 있게 된 것은 역자에게는 큰 기쁨이다. 이 책은 오에 교수의 『야스쿠니신사』를 완역한 것이다. 일본 군사사와 종교사 분석을 통하여 야스쿠니신사가 패전까지의 일본 국민을 '천황의 군대' 에 밀접하게 결부시켰던 고리 역할을 담당한 군국신사였고, 따라서 국민통합을 위한 강력한 이데올로기적 수단이었음을 규명한 역작이다. 이 책은 근대일본의 메커니즘에 대한 정확한 이해를 제공할 뿐만 아니라 새로운 한일

관계를 설정해 가려는 한일양국의 많은 뜻 있는 식자에게 하나의 디딤돌이 될 수 있다고 생각된다.

번역을 계획한 것은 1997년 여름이었는데, 역자들의 게으름으로 인하여 작업의 완성이 늦어졌다. 번역에 있어서 종교사의 부분은 양현혜가 담당했고 군사사 부분은 이규태가 담당했음을 밝혀둔다. 번역 과정에서 난해한 과거 일본어를 해독하는 데 도움을 주신 여러분들과 출판과 편집에서 수고하신 여러분들께 이 자리를 빌려 감사드린다.

2001년 2월
역자

• 저자 : 오에 시노부(大江志乃夫)
1928년 오이타(大分)현 출생
1953년 나고야(名古屋)대학 경제학부 졸업
이바라키(茨城)대학 인문학부 교수 역임
저서 : 『戒嚴令』, 『徵兵制』, 『日露戰爭の軍事史的硏究』(岩波書店), 『統帥權』(日本評論社), 『戰後變革』, 『天皇の軍隊』(小學館), 『國民敎育と軍隊』(新日本出版社) 외 다수

• 역자 : 양현혜(梁賢惠)
이화여자대학교 기독교학과 졸업
도쿄대학대학원 인문과학연구과 석사 · 박사(종교학 · 종교사학 전공)
현재 전주대학교 기독교학과 겸임교수
저서 : 『윤치호와 김교신-근대 조선에 있어서 민족적 아이덴티티와 기독교』, 『尹致昊と金敎臣-その親日と抗日の論理』(1996년 中村元 종교문화상 수상작), 『기류민의 신학』 외 다수
역서 : 『일본 사회의 인간관계』(中根千枝 저)

• 역자 : 이규태(李圭泰)
히토쓰바시대학(一橋大學) 사회학부 졸업
히토쓰바시대학 대학원 사회학연구과 석사 · 박사(동북아지역연구, 현대사 전공)
현재 한일장신대학교 인문사회과학부 교수
저서 : 『占領改革の國際比較 : 日本, アジア, ヨ-ロッパ』(공저), 『米ソの朝鮮占領政策と南北分斷體制の形成過程』 외 다수
역서 : 『일본군 군대위안부』(吉見義明 저)

한림신서 일본학총서 발간에 즈음하여

1995년은 제2차 세계대전이 끝나고 우리나라가 일본 식민지에서 해방된 지 50년이 되는 해이며, 한·일간에 국교정상화가 이루어진 지 30년을 헤아리는 해이다. 한·일 양국은 이러한 역사를 되돌아보면서 앞으로 크게 변화될 세계사 속에서 동북아시아의 평화와 번영을 추구해야 하리라고 생각한다.

한림대학교 일본학연구소는 이러한 역사의 앞날을 전망하면서 1994년 3월에 출범하였다. 무엇보다도 일본을 바르게 알고 한국과 일본을 비교하면서 학문적·문화적 교류를 모색할 생각이다.

본 연구소는 일본학에 관한 자료를 수집하고 제반 과제를 한·일간에 공동으로 조사·연구하며 그 결과가 실제로 한·일 관계 발전에 이바지할 수 있도록 노력하고자 한다. 그러한 사업의 일환으로 여기에 일본에 관한 기본적인 도서를 엄선하여 번역 출판하기로 했다. 아직 우리나라에는 일본에 관한 양서가 충분히 소개되지 못했다고 느껴지기 때문이다.

본 연구소는 조사와 연구, 기타 사업이 한국 전체를 위해야 한다고 생각하며 한·일 양국만이 아니라 다른 여러 나라의 연구자나 연구 기관과 유대를 가지고 세계적인 시야에서 일을 추진해 나갈 것이다. 그러므로 누구나 열린 마음으로 본 연구소가 뜻하는 일에 참여해 주기를 바란다.

한림신서 일본학총서가 우리 문화에 기여하고 21세기를 향한 동북아시아의 상호 이해를 더하며 평화와 번영을 증진시키는 데 보탬이 되기를 바란다. 많은 분의 성원을 기대해 마지않는다.

1995년 5월

한림대학교 일본학연구소